Europäischer Philhellenismus
Die europäische philhellenische Literatur bis zur 1. Hälfte
des 19. Jahrhunderts

Philhellenische Studien Band 2

Wissenschaftliche Reihe zur Erforschung des
europäischen Philhellenismus in Geschichte und Gegenwart

Herausgegeben von
Evangelos Konstantinou

Internationales Zentrum für wissenschaftliche,
ökumenische und kulturelle Zusammenarbeit e.V.
– Griechisch-deutsch Initiative –

PETER LANG
Frankfurt am Main · Bern · New York · Paris

EUROPÄISCHER PHILHELLENISMUS

Die europäische
philhellenische Literatur
bis zur 1. Hälfte
des 19. Jahrhunderts

Herausgegeben von
Evangelos Konstantinou

PETER LANG
Frankfurt am Main · Bern · New York · Paris

Die Deutsche Bibliothek - CIP-Einheitsaufnahme

Europäischer Philhellenismus / [Internationales Zentrum für
Wissenschaftliche, Ökumenische und Kulturelle
Zusammenarbeit e.V. - Griechisch-Deutsche Initiative]. Hrsg.
von Evangelos Konstantinou. - Frankfurt am Main ; Bern ; New
York ; Paris : Lang
   Früher hrsg. von Evangelos Konstantinou ;
   Ursula Wiedenmann. - Früher im Verl. Hieronymus, Neuried
NE: Konstantinou, Evangelos [Hrsg.]; Internationales Zentrum
   für Wissenschaftliche, Ökumenische und Kulturelle
   Zusammenarbeit / Griechisch-Deutsche Initiative

Die europäische philhellenische Literatur bis zur 1. Hälfte des
19. Jahrhunderts. - 1992
   (Philhellenische Studien ; Bd. 2)
   ISBN 3-631-43909-1
NE: GT

ISSN 0939-7175
ISBN 3-631-43909-1
© Verlag Peter Lang GmbH, Frankfurt am Main 1992
Alle Rechte vorbehalten.

Das Werk einschließlich aller seiner Teile ist urheberrechtlich
geschützt. Jede Verwertung außerhalb der engen Grenzen des
Urheberrechtsgesetzes ist ohne Zustimmung des Verlages
unzulässig und strafbar. Das gilt insbesondere für
Vervielfältigungen, Übersetzungen, Mikroverfilmungen und die
Einspeicherung und Verarbeitung in elektronischen Systemen.

Printed in Germany 1   3 4 5 6 7

Konstantin Leventis
dem großen Förderer griechischer Kultur
in Dankbarkeit

Inhaltsverzeichnis

Vorwort des Herausgebers — 9

Geleitwort — 11

Georges Castellan, Francois-Charles Pouqueville – der Geschichtsschreiber der 'Regeneration Griechenlands' — 17

Richard Clogg, Two American Philhellenes at the Academy of Chios in 1820 — 31

Loukia Droulia, Philhellenism and Greek Writings for the Cause — 41

Helen Koukkou, The "Note on Greece" (Note sur la Grèce) by François-René de Chateaubriand — 53

Lambros Mygdalis, Der Philhellenismus in Deutschland — 63

Georg Pfligersdorffer, Philhellenisches bei Prokesch von Osten — 73

Annette Rinn, Ursachen des britischen Philhellenismus, insbesondere am Beispiel von Frederick North, 5th Earl of Guilford — 91

Bjarne Schartau, Dänische Philhellenische Verfasser der Romantik — 99

Wolf Seidl, "Der Teutschland half, wird Hellas retten!" Ludwig I. von Bayern als philhellenischer Dichter — 111

Michael Tsapogas, "Das griechische Volk" Maurers und die Rezension von Thiersch: Ein Stück Philhellenischer Literatur und Bayerischer Zensurgeschichte — 119

Ursula Wiedenmann, Varnhagen von Ense und der griechische Aufstand 1821-1829 — 135

Christopher Montague Woodhouse, English Literary Philhellenes — 149

Personenregister _____ 159

Geographisches Register _____ 165

Vorwort

Der zweite Band der "Philhellenischen Studien": "Die europäische philhellenische Literatur bis zur 1. Hälfte des 19. Jahrhunderts" bildet eine wichtige Station in der Erforschung des europäischen Philhellenismus, den sich die Griechisch-deutsche Initiative zu ihrem eigenen Anliegen gemacht hat.

Zum Erfolg des griechischen Befreiungskampfes zu Beginn des 19. Jahrhunderts hat die öffentliche Meinung des damaligen Europa wesentlich beigetragen. Bei der Bildung dieser philhellenischen Meinung hat die europäische philhellenische Literatur zusammen mit der Presse die größte Rolle gespielt. Sie hat das philhellenische Feuer, das fast alle sozialen Schichten ergriffen hat, entfacht und weitergenährt, bis das Land der Hellenen vom türkischen Joch befreit wurde.

Die Literatur als unbestechlicher Anwalt der hohen Werte des menschlichen Lebens wie Freiheit und Gerechtigkeit, die die damalige Heilige Allianz aus politischem Kalkül ignorierte, erwies sich gegenüber der offiziellen antigriechischen Politik als mächtiger. Sie konnte die europäischen Völker in der Sympathie für die kämpfenden Griechen vereinen.

Die Beiträge dieses Bandes wurden bis auf einen (Der Philhellenismus in Deutschland, Lambros Mygdalis) im Rahmen des Symposions vom 17. bis 19. Juli 1987 im Wasserschloß Mitwitz vorgetragen und bringen unbekannte Seiten des erwähnten Fragenkomplexes ans Tageslicht. Die Erforschung der europäischen philhellenischen Literatur in der genannten Zeitspanne, die sich des gerechten griechischen Kampfes gegen die Tyrannei angenommen hatte und ihm zum Siege verhalf, könnte für die heutigen Bestrebungen zu einer politischen Einigung Europas nicht ohne Interesse sein.

Den zahlreichen Fachgelehrten des In- und Auslandes, die ihre Vorträge für den Druck des vorliegenden Bandes zur Verfügung gestellt haben, gilt besonderer Dank.

Im vergangenen Jahr verstarb unser hochgeschätzter Freund, Wolf Seidl, der mit seinem Referat zum Erfolg obigen Symposions wesentlich beigetragen hat. Die Griechisch-deutsche Initiative verlor in ihm einen großen Philhellenen und Mitstreiter ihrer Idee. Sie wird sein Andenken in Ehren bewahren.

Der Herausgeber

Geleitwort

Mit diesem Thema des heutigen Symposions berühren wir die wichtigste Ursache und diejenige magische Kraft, die den unaufhaltsamen Strom der damaligen europäischen philhellenischen Bewegung ins Leben rief. Und diese Kraft heißt Poesie. Als göttliche Handlung θεοφόρα πράξη sucht sie nach dem wahren Sinn des Lebens und nach den hohen Idealen der Freiheit, Gerechtigkeit, Menschlichkeit und Tugend, die den Menschen zu seiner höheren Bestimmung ermahnt und ermuntert.

Die griechische und die europäische philhellenische Dichtung fand in dem heroischen Befreiungskampf der Neuhellenen die wichtigste Quelle ihrer Inspiration und wurde zur schärfsten Waffe gegen die reaktionäre Politik der Heiligen Allianz, die die damaligen liberalen Bewegungen im Keime ersticken wollte.

Wie gefährlich diese Waffe für den Status quo im damaligen Europa war, sieht man aus der heftigen Reaktion des Mentors der Heiligen Allianz, Fürst Clemens von Metternich, gegen die damaligen philhellenischen Dichtungen, die sich den griechischen Befreiungskampf zu ihrem eigenen Anliegen gemacht hatten.

Der berühmte Thurios, dieser Erweckungsgesang, mit dem sein Autor, der große griechische Held und Wegbereiter des griechischen Aufstandes von 1821, Rigas Belestinlis, seine Landsleute und österreichischen Freunde in Wien für die griechische Sache begeistern und anspornen wollte, war für die damalige österreichische Regierung die gefährliche Waffe, die gefährliche Fackel, die das Feuer der Freiheit entfachen könnte.

Der Dichter mußte dafür sterben, aber sein Lied ertönte in Europa und im versklavten Griechenland und wurde zum Losungswort des griechischen Befreiungskampfes.

Der größte Dichter des damaligen Europa, auch nach dem Urteil Goethes, Lord Byron, hatte in diesem Erweckungsgesang Rigas dieselbe Flamme der Freiheit entdeckt, die auch ihn verzehrte. Er übersetzte den Thurios ins Englische und verbreitete ihn zusammen mit dem griechischen Originaltext im damaligen Europa.

Eine Vielfalt von Motiven hat die bunten Reihen der europäischen Philhellenen bevölkert. Bei dieser tragenden Schicht des Philhellenismus aber, der die Dichter angehören, habt vor allem die Klassik in Verbindung mit der Romantik die wichtigste Rolle gespielt. Der europäische Humanismus der

Renaissance, deren Entstehung den byzantinischen Gelehrten vor und nach dem Fall Konstantinopels vieles verdankt, war der Nährboden der philhellenischen Dichter, die in ihrer romantischen Phantasie von der Wiedergeburt des alten Hellas träumten.

Die Europäer entdeckten jetzt durch die Verbreitung der erwähnten philhellenischen Dichtung und Prosastücke, daß die Fundamente ihrer abendländischen Kultur von den Griechen geschaffen wurden. Deswegen sehen sie nach den Worten Gerhard Pfeiffers im hellenischen Menschen den Gipfel alles echten Menschentums. Der große englische Dichter, Percy Byssh Shelley, betonte in seinem Drama "Hellas" im Jahre 1822, das er in revolutionärer Stimmung nach der Proklamation des griechischen Aufstandes durch Dimitrios Ypsilantis geschrieben hatte, "wir sind alle Griechen: Unsere Gesetze, unsere Literatur, unsere Religion, unsere Künste haben ihre Wurzeln in Griechenland." Damit drückt er die tiefe Überzeugung der klassisch gebildeten Europäer aus.

Die europäische klassische Bewegung führte selbst die Neugriechen zu einer Rückbesinnung auf ihre altgriechischen Vorfahren und ermunterte sie, den Kampf gegen den Eroberer aufzunehmen.

Deutschland hat, abgesehen von der späteren tatkräftigen Unterstützung des griechischen Kampfes, mit seinem tiefen Eindringen in das Wesen der griechischen Antike den wißbegierigen Griechen vor und nach ihrer Befreiung geholfen, die geistigen Schätze ihres Vaterlandes wieder zu entdecken.

Viele Griechen der Diaspora übersetzten deutsche und andere europäische literarische Werke ins Griechische, damit sie durch diese Lektüre ihre Landsleute auf ihre ruhmreiche Vergangenheit besinnen konnten. Dazu gehört das erste deutsche Drama Lessings "Philotas", das aufgrund seines patriotischen Helden, der aus Liebe zum Vaterland sein Leben opfert, bei den Griechen begeisterte Aufnahme fand. Den Namen seines Übersetzers kennen wir nicht.

Drei Jahre vor dem Ausbruch der griechischen Erhebung gegen das osmanische Joch übersetzte der damalige griechische Student in Jena, Johannes Papadopoulos, die "Iphigenie auf Tauris" Goethes ins Griechische, weil dieses Stück nach den Worten des Dichters die sehnsüchtigen Gefühle eines Reisenden und verbannten Griechen ausdrückt. Die allgemeine Sehnsucht nach dem Vaterland ist hier unter der Sehnsucht nach Griechenland als dem einzigen, menschlich gebildeten Land ganz spezifisch ausgedrückt.

Die drei großen Vertreter deutscher Klassik, Goethe, Schiller und Hölderlin, haben mit ihren Werken der damaligen philhellenischen Bewegung wichtige Impulse vermittelt. Obwohl sie das Land der Griechen nie betreten haben, träumen sie nur vom ewigen Hellas und seiner Kultur. Stellvertretend senden sie ihre Helden in das Land, das sie nicht besuchen konnten. So kommt Faust nach Sparta, der Held Hölderlins, Hyperion, erreicht Mystras während der tragischen Tage der blutig niedergeschlagenen griechischen Revolte von 1770 und liefert hiermit ein lebendiges Zeugnis von der Hoffnung der Griechen und ihrer grausamen Enttäuschung. Dieselbe Sehnsucht spürte schon vor Hölderlin Wilhelm Heinse, der die Helden und Heldinnen seines Künstlerromanes "Ardinghello" nach Jonien gehen läßt, um der ganzen Regierung der Türken ein Ende zu bereiten.

Diese romantische Liebe zu Griechenland und seiner Kultur begegnet uns auch bei anderen europäischen Schriftstellern, wie Victor Hugo, Chauteaubriand, Shelley, Sandarosa u.v.a., die mit ihren Werken das europäische philhellenische Klima geschaffen haben. Die Früchte dieser langjährigen philhellenischen Tradition wird man bei Beginn der Erhebung der Griechen gegen den überlegenen Eroberer im Jahre 1822 spüren.

Aus dem großen Chor der romantischen Dichter, die aus der Ferne das Land der Griechen mit der Seele suchten und seine kulturelle Vergangenheit vergöttlichten, ragt eine sehr kleine Gruppe von philhellenischen Dichtern heraus, die ihren Philhellenismus in die Tat umgesetzt hatten. Es sind jene Dichter, die sich mit dem griechischen Befreiungskampf identifiziert hatten. Aus diesem kleinen und erlesenen Kreis erwähne ich als ersten die imposante Gestalt Lord Byrons, eines charakteristischen Vertreters der Romantik, der in sich sehr früh die Sehnsucht nach der griechischen Schönheit spürte. Er liebte Griechenland nicht nur in seiner klassischen Vergangenheit, sondern auch in der Schmach der Sklaverei. Er hatte die Qualen und Sehnsucht Griechenlands nach der Freiheit besungen. Er hatte an die Auferstehung Griechenlands geglaubt, und es ist ihm gelungen, diese Überzeugung weiterzuverbreiten. In seinen Versen fanden die kämpfenden Griechen Trost und Ermunterung; sie beflügelten ihre Herzen, den Kampf weiterzuführen. Die ständige Ermahnung Byrons an die Griechen, daß nur sie selbst ihre Heimat befreien müssen, hatte sie von mancher Illusion fremder Hilfe bewahrt. Lord Byron sah im griechischen Kampf den Inhalt seines unruhigen und abenteuerlichen Lebens. Er traf die große Entscheidung, Griechenland nicht nur mit seinen Versen zu helfen, sondern auch mit seiner persönlichen Anteilnahme an seinem heroischen Kampf. Er kommt nach Messolongi und widmet sich der Organisation der dortigen Kämpfenden. Aus eigenen Mitteln organisiert er die Kampftruppe von 500 jungen Souliotten. Mitten in den intensiven Vorbereitungen für den großen Kampf findet er hier am 19. April 1824 den ehrenvollen Tod, den er sich nach seinem eigenen Vers gewünscht hatte. Sein Tod erschütterte das damalige Europa und verlieh dem griechischen Befreiungskampf die größte Anteilnahme.

Goethe, der den verstorbenen Dichter am meisten bewunderte, beeilte sich – im Alter von 72 Jahren –, seine Gestalt in der Tragödie "Helena", 3. Akt,

Faust 2, zu verewigen. Euphorion, der Sohn von Faust und Helena, ist die Verkörperung des großen englischen Dichters und der europäischen Dichtung schlechthin, die aus der unendlichen Sehnsucht des Nordmenschen nach der unsterblichen griechischen Schönheit geboren ist.

Aus der Reihe dieser aktiven Philhellenen möchte ich an dieser Stelle auch den gekrönten Dichter unseres Landes Bayern, König Ludwig I. nennen, der zurecht Fürst der Philhellenen genannt wird. Man kann gewiß seine Verse nicht mit denen Lord Byrons vergleichen, aber er ähnelt ihm in der innigen Anteilnahme am griechischen Befreiungskampf. Sein Philhellenismus ist nicht eine romantische Schwärmerei, sondern eine lebhafte Wirklichkeit, ein ständiges Handeln für die Sache der Griechen. König Ludwig I., der nach seinen eigenen Versen lieber ein hellenischer Bürger als ein Erbe des Thrones sein wollte, hat gewiß sein Leben nicht für Griechenland geopfert, aber er hat mit ihm ständig gelitten.

Er gehörte nicht zu den Philhellenen, die nur nach der alten griechischen Schönheit trachteten, sondern zu den echten Freunden der Neugriechen. Seinen aufrichtigen und geradezu unbändigen Philhellenismus hat er nicht nur mit seinen Gedichten verbreitet, sondern er hat auch den griechischen Befreiungskampf mit großen Geldsummen unterstützt. Er schickte geschulte bayerische Offiziere nach Griechenland. Er organisierte in München in Zusammenarbeit mit dem damaligen großen philhellenischen Professor Thiersch die Schulerziehung für viele griechische Waisenkinder. Und später schickte er seinen zweiten Sohn Otto als König nach Griechenland.

Seine Gedichte kann man in ihrem künstlerischen Wert unterschiedlich beurteilen. Goethe fand sie jedenfalls gut. Seine Verse sind vor allem philhellenische Taten, und als solche haben sie für uns bleibenden Wert. Mit inniger Anteilnahme verfolgt er alle Stationen des griechischen Befreiungskampfes und ruft den kämpfenden Griechen mit seinen Versen zu:

Hellenen! Kämpft den Kampf des Todes!
Verlassen von der ganzen Welt.
Kämpft in der Glut des Abendrotes!
Das nun auf Hellas Trümmern fällt.

Als er später den bayerischen Thron bestiegen hatte, konnte er den Griechen zusichern.

Tapfere Hellenen, für Euch, für den befreienden Kampf!
Tatlos verwehte mir in den Lüften die Töne der Lyra,
bloß in die Saiten allein durfte sie greifen,
die Hand.

Jetzt ist die Lyra verstummt,
aber das kräftige Wort
tönt von dem Könige aus der Fülle des glühenden Herzens,
daß sich's gestalte zur Tat, Griechen zu Eurem Heil.

Und die Griechen haben aus Dankbarkeit zu ihrem Gönner seine Verse ins Griechische übersetzt. Alexandros Rangavis, der Übersetzer, hat sie im Jahre 1833 in Nauplion herausgegeben.

Mit diesem Symposion setzen wir den Dialog mit einer großen europäischen philhellenischen Tradition fort, den wir vor 5 Jahren in diesem idyllischen Wasserschloß eröffnet haben. Die Fortsetzung dieses Dialoges mit der Vergangenheit ist heute für die Verwirklichung einer echten europäischen Gemeinschaft nicht ohne Bedeutung. Die heutige europäische Krise ist nicht nur wirtschaftlicher Natur, sondern die Krise der gemeinsamen europäischen Werte, eine Krise des europäischen Weltbildes. Daher wird immer wieder von Schriftstellern und anderen Vertretern des europäischen geistigen Lebens festgestellt, daß die Trübung des Geistes nicht geringer sei als die Verschmutzung der Umwelt. Europa muß sein verlorenes Bild wiederentdecken. Durch die Vertiefung in die gemeinsame geistige und kulturelle Überlieferung wird Europa die Kräfte zur Erneuerung finden. Griechenland, die uralte Wiege europäischer Kultur, kann auf diesem Gebiet enormes leisten. Alle diejenigen, die eine leise Ahnung von der damaligen europäischen Renaissance haben, wissen von dem wichtigen Beitrag der griechischen Humanisten vor und nach dem Fall Konstantinopels zu dieser abendländischen geistigen Wiedergeburt.

Das philhellenische Erbe der erwähnten europäischen Dichter und die Opfer derjenigen, die selbst ihr Leben für den griechischen Befreiungskampf gaben, verpflichten uns zur Intensivierung der deutsch-griechischen wissenschaftlichen, kulturellen und ökumenischen, mit einem Wort menschlichen Beziehungen.

Das große philhellenische Erbe verpflichtet das heutige Europa zu einem wahren Philhellenismus im modernen Sinne des Wortes, der sich im realistischen Verständnis für die Probleme Neugriechenlands im Rahmen der europäischen Gemeinschaften und des Nato-Bündnisses äußern sollte.

Der deutsche Philhellenismus wiederum soll sich heute in Anteilnahme und Mithilfe bei den Problemen der in der Bundesrepublik tätigen Griechen, sei es auf dem Gebiet der Schulen, der Arbeitsplätze, der Pflege ihrer eigenen kulturellen Tradition usw., zeigen.

Wir bedauern es ausdrücklich, daß das deutsche Auswärtige Amt trotz der großen Verdienste der Deutsch-griechischen Initiative auf den genannten Gebieten über unseren wiederholten Antrag auf institutioneller Förderung der vielfältigen Aktivitäten unseres Vereins negativ entschieden hat.

Wir bedauern es und betrachten es als einen Widerspruch zu dem erwähnten philhellenischen Erbe dieses Landes, daß es bis heute trotz unserer ständigen Bemühungen im Rahmen des Deutsch-griechischen Kulturabkommens keinen selbständigen Lehrstuhl für neugriechische Studien an den deutschen Universitäten gibt.

Dadurch wird den hier aufwachsenden griechischen Kindern keine Möglichkeit gegeben, einen kompletten griechischen Studiengang zu absolvieren. Wir bedauern es weiterhin, daß der neugriechische Unterricht keinen Eingang – nicht einmal an den humanistischen Schulen Deutschlands, wo Altgriechisch noch zum Lehrprogramm gehört – gefunden hat. Damit entgeht den deutschen Gymnasiasten die kostbare Gelegenheit, altgriechische Sprache und Kultur von den Anfängen bis zum heutigen Tag zu verfolgen.

Es wäre ein großes Versäumnis, wenn man in dieser feierlichen Stunde nicht auch derjenigen Griechen und Griechinnen gedenken würde, die durch ihr Wirken in Deutschland einen entscheidenden Beitrag zur weiteren philhellenischen Bewegung nach der Befreiung Griechenlands geleistet haben. Einen hervorragenden Platz nimmt hier die Griechin aus Levadia, der Hauptstadt Böotiens, Rigina Philonos, einstige Herrin dieses Schlosses, ein. Sie stammte aus der vornehmsten Familie Levadias und war eine große Schönheit. Als Hofdame der einstigen griechischen Königin Amalie in der Bamberger Residenz, und später als Baronin von Würzburg, hat sie auf dem Gebiet des deutschen Philhellenismus Enormes geleistet. Aber auch bei den Nachfahren dieser großen philhellenischen Familie spürt man die langjährige Tradition. Die Enkelin Riginas, Baroneß Anne-Marie von Cramer-Klett, lebt getreu dem Vorbild ihrer griechischen Großmutter. Sie hat uns bei den früheren und beim heutigen Symposion mit Rat und Tat unterstützt. Ihr Neffe, Baron Rasso von Cramer-Klett, setzt die philhellenische Tradition seines Vaters fort.

Für die finanzielle Unterstützung bei der Durchführung dieses Symposions möchte ich im Namen unseres Vorstandes dem griechischen Außenministerium danken.

Evangelos Konstantinou

Georges Castellan

Francois-Charles Pouqueville
Der Geschichtsschreiber der "Erneuerung Griechenlands"

Der griechische Unabhängigkeitskrieg führte zu umfangreichem literarischen Schaffen in Frankreich. Wenn es auch die bedeutendsten Schriftsteller und Künstler waren wie Chateaubriand, Victor Hugo, Lamartine, Béranger und der Maler Delacroix, die auf vielfältige Weise Aufrufe und Stellungnahmen veröffentlichten, so war die genaue Kenntnis um das aufständische Griechenland und das griechische Volk doch mehr die Sache von weniger bedeutenden Publizisten oder Literaten. Zu diesen gehörten z.B. Claude Fauriel, der 1824/25 "Die Griechischen Volkslieder" herausgab, oder Francois-Charles Pouqueville, der im gleichen Jahr "Die Geschichte der Erneuerung Griechenlands" publizierte. Als ehemaliger Konsul ließ letzterer unter seinem Namen den Titel "Ehemaliger französischer Generalkonsul bei Ali Pascha von Janina" drucken.

Das Werk umfaßt vier Bände mit insgesamt 2234 Seiten, wobei jeder Band eine Karte der Region enthält und mit Federzeichnungen illustriert ist. Das Gesamtwerk erschien 1824 bei Firmin-Didot. Der Autor fügte noch den Untertitel "Abriß der Ereignisse von 1740 bis 1824" hinzu, wobei jedoch das erste Datum das Geburtsjahr von Ali von Tepelen ist. Dies erlaubte ihm, sein Werk mit der Biographie eines Mannes einzuleiten, den er sehr gut gekannt hatte, um den Bericht dann mit dem Beginn des Feldzuges von 1824 zu beschließen. Folgende Punkte werden Gegenstand unserer Betrachtung sein:

1. Die Biographie unseres Autors.
2. Der Bericht von seiner Mission in Janina, wie sie sein zehn Jahre nach ihrer Beedigung erschienenes Buch beschreibt.

François-Charles Hugues Laurent Pouqueville wurde am 4. November 1770 in Merleraut in der Normandie (im heutigen Departement Orne) geboren. Aus einer bürgerlichen Familie stammend[1], wählte er für sich den Priesterstand, nachdem er seine Studien am Jesuitenkolleg von Caen abgeschlossen hatte. Er trat 1791 in das Priesterseminar von Lisieux ein und empfing alle Weihen bis zum Diakonat. Aber die Ereignisse der Französischen Revolution, insbesondere der säkulare Status der Klerus, beeinflußten den jungen Priester. Er legte den von ihm geforderten Eid ab, um eine Stellung zu bekommen, und wurde in seine Heimatgemeinde berufen. Dort engagierte er sich in der revolutionären Bewegung. Er wurde Mitglied der "Societé patriotique" von Merleraut und komponierte revolutionäre Lieder.

1793 entschloß er sich zu folgendem Schritt: er entsagte dem Priesterstand und bat seine Pfarrei, ihn nur mehr als einfachen Dorflehrer zu betrachten. Der Sturz Robbespieres und die Reaktion des "Neunten Thermidor" brachten ihm Schwierigkeiten in seiner Heimatgemeinde. Deshalb zog er es vor, unterzutauchen und nach Paris zu gehen. Dort richtete er sein Interesse auf ein Studium der Medizin und schrieb sich bei Antoine Dubois ein, der damals ein berühmter Chirurg und Geburtshelfer war. Diese Bekanntheit führte dazu, daß der Meister Dubois von Bonaparte für die Ägyptische Expedition eingezogen wurde. Dubois nahm seinen Schüler in der Eigenschaft als "Angehörigen der Kommission für Wissenschaft und Kunst" mit. Auf diese Weise begann für Pouqueville ein Vierteljahrhundert Abenteuerleben im Orient.

Von der Künste Alexandrias aus erlebte er am 1. August 1798 die Zerstörung der französischen Flotte durch die Engländer in der Bucht von Aboukir mit; anschließend wurde er von General Kléber beauftragt, mit dem Sieger über den Gefangenenaustausch zu verhandeln. Seine erste diplomatische Mission war vom Erfolg gekrönt, da die Anzahl der gefangenen Franzosen viel größer war als die Anzahl der gefangenen Engländer. In der Folgezeit stellte sich heraus, daß dem jungen Mediziner Pouqueville das ägyptische Klima schlecht bekam, und so beschloß Kléber dessen Heimreise. Pouqueville dankte ihm dafür, indem er ihm ein Stück in Versen widmete. Im November 1798 startete er nach Italien auf einem Schiff aus Livorno, das jedoch drei Wochen später von einem Seeräuber aus Tripolis gekapert wurde. Für unseren Autor war es von großem Glück, daß der Seeräuber gerade im Juni zuvor durch den Handstreich Bonapartes auf Malta aus einem Gefangenenlager befreit worden war; bemüht darum, sich seinen Wohltätern gegenüber erkenntlich zu zeigen, verzichtete er darauf, seine Gefangenen auf den Skalvenmarkt von Tripolis zu bringen. Er willigte ein, sie an der Küste von Morea zu lassen, jedoch nicht ohne ihnen all ihr Vermögen und Gepäck zu rauben. So kam es, daß die unglücklichen Franzosen deswegen bei Navarino an Land gingen. Aber die ottomanische Pforte hatte Frankreich wegen der Ägyptischen Expedition gerade den Krieg erklärt, und so galten die Untertanen des Direktoriums als Feinde. Mustafa Pascha, Gouverneur von Morea, ließ Pouqueville und seine Reisegefährten in der Festung von Tripolitza, seiner Residenz, einsperren, wo sie den harten Winter von 1798/99 verbrachten. Der Pascha, der unterdessen erfahren hatte, daß Pouqueville Arzt war, machte sich sein Können für sich selbst und seinen Harem zunutze. Er erlaubte ihm, sich frei in der Stadt zu bewegen. Erfüllt vom Geist der Antike, profitierte der junge Franzose davon, um Aufzeichnungen von den Überresten der griechischen Baudenkmäler der Region, jedoch auch über die Sitten und Gebräuche der Einwohner von Morea zu machen. Genau diese Aufzeichnungen von geradezu anatomischer Genauigkeit sollten ihm später als Grundlage seiner

"Reise nach Morea" dienen. Außerdem nutze er seinen Einfluß gegenüber dem Gouverneur, um das Schicksal seiner Leidensgenossen zu lindern. Diese huldigten ihm in einem Artikel, den sie nach ihrer Rückkehr nach Frankreich veröffentlichten.

Diese relativ privilegierte Situation war nicht von langer Dauer: Nach zehn Monaten verlangte Konstantinopel die Überführung der Gefangenen und so wurden sie in das Gefängnis des "Schlosses mit den Sieben Türmen" verlegt, das sich in der ottomanischen Hauptstadt befand. Auf diese Weise begann eine harte Gefangenschaft, die länger als zwei Jahre dauern sollte. Aufgrund der Gesellschaft des Diplomaten Pierre Jean Ruffin wurde sie erträglicher gestaltet. Er war erster Übersetzungssekretär an der französischen Botschaft bei der Pforte, im Amt seit 1789 und in Gefangenschaft seit September 1798.

Der Arzt und der Diplomat sympatisierten miteinander und im türkischen Kerker entstand eine Freundschaft, die bis zum Tode Ruffins dauern sollte. Pouqueville, der gerne Verse schmiedete, komponierte eine Ode für Fräulein Rose Ruffin, der zukünftigen Frau von Ferdinand de Lesseps. Während seines Müßiggangs wider Willen, beschäftigte er sich mit Übersetzungen aus dem Altgriechischen, insbesondere von Anakreon. Er schrieb ein orientalisches Märchen, "Der Brotkorb", eine ironische Kritik der türkischen Sitten, gefolgt von leichterer Poesie. Vor allem aber lernte er Neugriechisch, dessen Kenntnis ihm für seine zukünftige Karriere in höchstem Maße nützlich sein sollte.

Die Verhandlungen des Jahres 1801 in Lunéville stellten den Frieden mit der Pforte wieder her; Paris forderte die Freilassung der Gefangenen aus dem "Schloß mit den Sieben Türmen", und so kehrte Pouqueville wieder in die französische Hauptstadt zurück. Nun galt es zuerst eine Stellung zu finden; mit einer Dissertation beendete er seine Medizinstudien; auf Latein verfaßt, behandelte sie einen Gegenstand, den zu beobachten der Kandidat genügend Zeit gehabt hatte: "Die Pest im Orient". Das Thema stieß auf Interesse und das Werk wurde als eine der Dissertationen vorgeschlagen, die man bei einem alle zehn Jahre wiederkehrenden Wettbewerb vorstellen konnte. Pouqueville, der nun mit dem Doktortitel ausgezeichnet war, hatte zwar seine Praxis in Paris, konnte seine Abenteuer im Orient jedoch nicht vergessen.

So nahm er sich seine Aufzeichnungen aus Ägypten und seiner Gefangenschaft wieder vor und gab 1805 seine "Reise nach Morea, nach Konstantinopel, nach Albanien und in mehrere andere Teile des ottomanischen Reiches, während der Jahre 1798, 1799, 1800 und 1801" heraus, die in drei Bänden bei Firmin-Didot erschien. Wie selbstverständlich widmete er sie dem Kaiser Napoleon. Schenkte er diesem seine Aufmerksamkeit? Sicherlich, denn diese Veröffentlichung stand am Anfang der neuen Karriere ihres Autors. Tatsächlich erhielt er zum Ende des Jahres 1805 von den Dienststellen Talleyrands den Befehl, sich nach Mailand zu begeben, wo man ihm seine Ernennung durch den Kaiser in das diplomatische Amt von Janina mit dem Titel des Generalkonsuls mitteilte. Pouqueville behauptete, über die Ernennung überrascht und einigermaßen befriedigt gewesen zu sein. Zweifelsohne war diese Stelle nicht glänzend und der Aufenthalt in Janina nicht verlockend. Doch es stand außer Frage, über eine Entscheidung Napoleons zu diskutieren, und der frischgebackene Diplomat tröste sich mit der Aussicht, daß dieser Aufenthalt es ihm erlauben würde, seine archäologischen Studien wieder aufzunehmen, die sein Hobby waren.

Er blieb in Janina von Februar 1806 bis Ende des Jahres 1814, wurde dann an das Konsulat von Patras versetzt und kehrte 1816 nach Frankreich zurück. Von diesem Zeitpunkt an widmete er sich der Veröffentlichung von Werken über Griechenland und den Orient. Sein Bruder Hugues, der sein Nachfolger in Patras geworden war, hielt ihn über die Anfänge des Griechischen Aufstandes auf dem laufenden. So wurde er ein leidenschaftlicher und glühender Verfechter der griechischen Sache – ein Philhellene der Tat.

Mit dieser Perspektive vor Augen und in diesem Sinne veröffentlichte er nacheinander:

– 1820 bis 1821 "Reise durch Griechenland", erschienen bei Firmin-Didot, erste Ausgabe in fünf Bänden, zweite Ausgabe in sechs Bänden 1826 bis 1827
– 1824 "Die Geschichte der Erneuerung Griechenlands" in vier Bänden. Außerdem zahlreiche Artikel in Zeitschriften und Zeitungen, alle zugunsten der griechischen Sache. Zusammengefaßt ergaben sie acht dicke Bände.

Diese literarische Tätigkeit trugen ihm die Wahl zum Kandidaten der Akademie "des Inscriptions et Belles-Lettres" ein, in die er dann auch am 16. Februar 1827 aufgenommen wurde. Er stand also in Verbindung mit Chateaubriand, Lamartine, Arago und der Gräfin von Ségur. Er starb am 20. September 1838 in Paris.

Der Generalkonsul François-Charles Hugues Laurent Pouqueville betrat am 2. Februar 1806 zum ersten Mal den Boden von Epirus und zwar im Hafen von Parga. Er begab sich sogleich nach Janina, wo damals Ali von Tepelen herrschte; und "herrschte" ist der Ausdruck, der hier paßt. Ali Pascha war 1787 von Sultan Abdul-Hamid dem Ersten zum Pascha von Epirus und Toskeria ernannt worden. Achtzehn Jahre später war Ali gegenüber der Pforte fast unabhängig geworden und spielte eine nicht zu unterschätzende Rolle beim Kräftemessen im Orient. Als Nachbar der Ionischen Inseln hatte er zugesehen, wie die französische Herrschaft der russischen wich, während die Engländer sich bemühten, dort Fuß zu fassen. Weil der Pascha die sieben Inseln und ganz besonders den Hafen von Parga begehrte, setzte er damals auf die französische Karte. Der neuernannte Generalkonsul wurde wohlwollend empfangen, konnte sich frei in Epirus bewegen und wurde wiederholt von dem gefürchteten Wesir eingeladen, ihn auf seinen Unternehmungen im Innern des Landes zu begleiten. Diese Haltung blieb nicht ohne Echo in der damaligen Politik Napoleons. Pouqueville erzählt, daß zum Zeitpunkt seiner Ankunft in Janina "Bonaparte" (sic)[2], der die Griechen niemals geliebt hatte, das Wissen unserer Orientalisten und die Pressen seiner Druckerei nutzte, um an die Mohammedaner eine Schrift mit dem Titel "Stimme des Muezzin" zu richten, der er die türkische, arabische und persische Übersetzung der Erfolgsmeldung seiner großen Armeen beifügte.[3] Diese Flitterwochen dauerten genauso lang wie der 4. Koalitionskrieg gegen Napoleon, der damals mit der Türkei verbündet war. In seiner Eigenschaft als Verbündeter lieh General Marmont, Kommandant der französischen Truppen in Dalmatien, Ali von Tepelen seine Artillerie, um die Russen von den sieben Inseln zu verjagen. Der Pascha hoffte, daß ihm diese Inseln wieder zufallen würden, und stützte sich dabei auf ein zugegebenermaßen ziemlich vages Versprechen des Kaisers selbst. In dieser Absicht schickte Ali dem General Sebastiani, dem französischen Botschafter in Konstantinopel, einen berühmten Brief, in dem er vom "Großen Napoleon, dem Helden der Jahrhunderte" sprach. Umso größer war seine Enttäuschung, als sein Gesandter Mehemet Effendi vom Tilsiter Treffen (Juli 1807) mit einem Brief des Kaisers zurückkam, in dem Napoleon sagte, die sieben Inseln und die Stadt Parga sollten unter französische Herrschaft bleiben.

Der Pascha spann nun also eine Intrige, deren Opfer der Generalkonsul sein sollte und von der letzterer folgendes erzählt: "Um die Aufmerksamkeit (von seinen Verhandlungen mit den Engländern) abzulenken, ließ der Wesir Georges Ianco, einen seiner fähigsten Unterhändler, nach Venedig abreisen, wo man Bonaparte erwartete." Er sollte unter dem Siegel der Verschwiegenheit das letzte Ultimatum des Satrapen unterbreiten. Es beruhte auf der Forderung, "als Vasall des französischen Kaiserreiches anerkannt zu werden, unter der Bedingung, daß die Ionischen Inseln mit Epirus wieder vereinigt und zu einem Fürstentum erhoben würden, dessen Oberhaupt er wäre, und daß dieser Besitz in seiner männlichen Nachkommenschaft vererbt würde." Als Übergangsbestimmungen fügte man die Forderung nach Subsidien und nach der Ablösung des französischen Konsuls hinzu, der unablässig die ehrlichen Absichten eines der aufrichtigsten Freunde Bonapartes verleumdete. Man kann sich gut vorstellen, auf welche Weise der Gesandte Alis und seine Vorschläge aufgenommen wurden, über deren Inhalt das Ministerium schon seit langem im Bilde war. Ianco wurde zu einer kurzen Audienz empfangen, wo der Kaiser nur das Wort an ihn richtete, um ihn kurz und bündig zu fragen, ob er Briefe vom Generalkonsul in Janina mitbringe; und als die Frage verneint wurde, fügte er hinzu, daß er seine Depeschen wieder mitnehmen und seinem Herrn sagen könne, daß er nichts mehr von ihm hören wolle; er werde ihn durch seinen Gebieter bestrafen lassen, falls er es in Zukunft wage, die zwischen Frankreich und der ottomanischen Pforte bestehenden Staatsverträge zu verletzen. Ianco wurde mit dieser Antwort weggeführt, wobei er sich davor hütete, diese wortwörtlich seinem Herrn, dem Wesir zu überbringen. Der Konsul, der sehr schnell von dieser barschen Antwort Bonapartes informiert worden war, erhielt den Befehl, die Wirkung zu beobachten, die diese Antwort in Janina hervorrufen würde und Ali, der dies wahrscheinlich ahnte, half ihm schon bei seinem ersten Treffen mit ihm über seine Verlegenheit hinweg. "Bonaparte", so sagte er, "ist mir böse, ich bitte dich, schreib an seinen Minister, daß, falls mich dieser große Mann zur Tür hinausjagt, ich zum Fenster wieder hereinkommen werde, weil ich als sein Diener sterben will." Da wir nicht wußten, wovon er sprach und welchen Zweck eine solch eigenartige Rede verfolge, antworteten wir dem Wesir, daß wir nichts an den Minister zu schreiben hätten." Doch, doch", sagte er und begann zu lachen, mit jener Unbeweglichkeit der Augen, die seine geballte Wut entlarvten. Das war das Ergebnis der Intrige von Venedig.[4]

Tatsächlich ließ der Pascha den Generalkonsul seine Rache spüren. Zunächst versuchte er, ihn beim Botschafter Sebastiani in Mißkredit zu bringen, indem er die Griechen von Epirus die Anklage vorbringen ließ, er verweigere ihnen das Herkunftszertifikat für ihre Waren, was ihren Handel im Rahmen der Kontinentalsperre ruiniere.[5] Vor allem schränkte er ihn im konsularischen Haus ein, indem er ihm und den Einwohnern der Stadt jeglichen Kontakt untersagte. So war Pouqueville gleichsam sein Gefangener, wurde jedoch weiterhin vom Pascha zur Absprache empfangen, um die verschiedenen Angelegenheiten zu behandeln. Dieser Zustand dauerte acht Jahre an. Glücklicherweise wurde der Konsul dann von seinem Bruder Hugues, gleichfalls Konsul, besucht, und zwar genau in dem Moment, als seine Situation sehr schwierig wurde. Denn 1811, Ali hatte gerade einen neapolitanischen Offizier, der in der französischen Armee diente, gefangen genommen, schickte die Regierung der Tuillerien eine Depesche an Pouqueville, die diese als "bedrohlich" einstufte. Sie datierte vom 21. März 1811 und gab dem Generalkonsul die Vollmacht, "Ali Tepelen den Krieg zu erklären"; zugleich überließ man es dem Ermessen seines Bevollmächtigten, die Form, den Ort und die Zeit der Übergabe zu wählen. Die Armeen der illyrischen Provinzen, Neapels und Korfus waren instruiert worden, sich bereit zu halten, um beim ersten Signal der Kanzlei des Konsuls auf Janina loszuschlagen.[6] Wie unser Autor bemerkte, war das Verfahren, das einem Konsul völlig freie Hand ließ, zumindest ungewöhnlich und angesichts der Praktiken des Paschas nicht ohne Gefahr für den Überbringer einer solchen Entscheidung. Pouqueville fragte, wie er schreibt, die französische Botschaft von Konstantinopel um Rat und im Hinblick auf einen möglichen Bruch zwischen Napoleon und dem Zaren "faßte er den Entschluß, auf Zeitgewinn zu setzen und abzuwarten."[7] Mit dem Frieden von Bukarest (Mai 1812), der die Feindseligkeiten zwischen Rußland und der ottomanischen Pforte beendete, konnte sich der französische Konsul "beglückwünschen, daß er keinen neuen Konfliktherd in Griechenland hatte entstehen lassen, der zu unpassender Zeit den zwischen Frankreich und der Türkei bestehenden Frieden gebrochen hätte."[8] Wie dem auch sei, nach dem Einmarsch Napoleons in Moskau Ende September 1812 wurde von den Brüdern Pouqueville mit dem Pascha eine delikate Angelegenheit behandelt, doch Hugues litt an Fieber und mußte Janina verlassen. Der Generalkonsul schickte ihn zu General Donzelot, dem Gouverneur der Ionischen Inseln, "um zu erfahren, was sich im Norden Europas abspielte."[9]

Allein zurückgeblieben, erlebte Pouqueville seiner eigenen Aussage zufolge wahre Gefahren. Ali erklärte ihm klar und deutlich: "Du warst schon immer mein Feind" und übertrug ihm die Verantwortung für all sein Unglück Napoleon gegenüber. Dann kam plötzlich noch die Veröffentlichung des 29. Heeresberichtes der Großen Armee hinzu, der den völligen Zusammenbruch in Rußland ankündigte: In Janina bestanden keine Zweifel mehr darüber, erzählt unser Autor, daß der französische Generalkonsul als Opfer des Ressentiments Ali Paschas zugrunde gehen würde, und einer seiner Sekretäre, Colonas, riet ihm, sich zu entfernen. "Ich habe ihn gehört", sagte er ihm, "und Sie können sich nicht vorstellen, welch grauenhaftes Schicksal er Ihnen vorbehält; fliehen Sie, es ist noch Zeit dazu, fliehen Sie in Gottes Namen!" – "Es ist zu spät", entgegnete der Konsul, "es wird ihm daran gelegen sein, mich schonend zu behandeln." Er wollte sich nicht noch deutlicher ausdrücken. Eine kurze Nachricht auf Italienisch warnte ihn davor, daß ihm ein Mörder auf den Versen sei. Er kannte die Schrift nicht; aber vor der Gefahr zurückweichen, dieser Gedanke lag ihm fern.[10]

Pouqueville war also auf der Hut, und es war sein Bruder Hugues, der, zurück in Janina, dem Pascha die Weigerung des Gouverneurs der Ionischen Inseln mitteilte, ihm die epirotischen Familien zu übergeben, die sich nach Korfu geflüchtet hatten.[11] Währenddessen wurde es für den Konsul immer schwieriger, mit der Außenwelt Kontakt zu halten, angefangen mit seinem Nachbarn, dem General Donzelot. "Der Konsul war in seinem Haus von der Polizei des Paschas umstellt, und niemand wagte herauszugehen oder hereinzukommen, ohne sich verdächtig zu machen. Ein Brief könnte abgefangen werden und würde dann den Erfolg des Planes in Frage stellen. Man war auf einen Notbehelf beschränkt, als der Kommissar des Wesirs (der Pouqueville sehr ergeben war) sich eines Alten erinnerte, der ihm früher in sehr schwierigen Augenblicken gedient hatte; er nahm es auf sich, ihn von seinem Wohnsitz aus loszuschicken. In der Folge hinterließ man ihm ein sehr kleines Stück

Papier mit dem Stempel des Konsulats, auf dem lediglich auf die Gefahr hingewiesen wurde; man kam überein, daß die knappe Depesche in den Kleidern des Überbringers versteckt werden sollte.

Die französische Niederlage ausnutzend, riß Ali die Stadt Parga, die zu den Ionischen Inseln gehörte und von einer französischen Garnison gehalten wurde, an sich; Konsul Pouqueville wurde in seinen Augen der Vertreter einer feindlichen Macht. Tatsächlich bemächtigten sich die Engländer am 22. März 1814 der Stadt Parga, weswegen man zweifach bei Ali Pascha vorstellig wurde, der zu diesem Zeitpunkt in Prevesa weilte. Einmal war es der englische Konsul, um ihm die Besetzung der Stadt mitzuteilen, das andere Mal Hugues von Pouqueville, der Gesandte von General Donzelot, um gegen den vorhergehenden Angriff des Paschas zu protestieren. So sahen sich die beiden Brüder Pouqueville wieder. "Ich hatte bei meinem Eintritt ins Konsulat das Vergnügen, meinen Bruder zu umarmen. Man glaubte mich schon im Sturm vernichtet; das Gerücht um meinen Tod war auf Korfu schon publik gemacht und die Umstände meines Todes waren in den Berichten des Generalkommissars der Polizei aufgeführt worden. Mein Bruder, der mir alle Einzelheiten berichtete, setzte mich davon in Kenntnis, daß der Wesir uns beide am nächsten Tag als Freunde zu sehen wünsche."[13] Das wurde die letzte Unterredung zwischen dem Generalkonsul und dem Pascha.

Der Geschichtsschreiber der "Erneuerung Griechenlands" hüllt sich über den Zeitraum von 1814 bis 1815 in Schweigen, einen Zeitraum, der sicherlich sehr heikel ist für den Vertreter eines Frankreichs, das zweimal vom Napoleonischen Reich zur Bourbonischen Monarchie überwechselte.

Die Ereignisse werden nur sehr kurz aufgeführt: "In Griechenland fragte man sich noch lange, wie es jemanden, der das Schicksal des Reiches in der Hand hatte, nicht mehr geben könne? Die Türken beweinten das Kind des Glücks; und die Griechen, über seine Niederlage entzückt, weil sie ihn als Behinderung bei ihrer Befreiung erachteten, stießen einen Freudenschrei aus, der bis zu den Ufern der Neva widerhallte".[14] Übergangslos kam Pouqueville zu seinem persönlichen Schicksal: "In dieser Lage, als man den Generalkonsul verloren glaubte, forderte und erhielt der General Andreossy, der damals Botschafter in Konstantinopel war[15], von der ottomanischen Pforte, daß ein Beamter (Capigi-Bachi) nach Janina geschickt werde, um seine Existenz zu bestätigen, mit dem ausdrücklichen Befehl, ein eigenhändig unterzeichnetes Schriftstück mitzubringen."[16] Und der frühere Konsul fügte dem Ganzen eine interessante Präzisierung hinzu: "War er der Gegenstand der Besorgnis seiner Vorgesetzten, so war er nicht minder der Gegenstand der Besorgnis der Feinde Frankreichs." Tatsächlich, so erzählt er, sei Ali, der Parga ebenfalls begehrt hatte, zum Zeitpunkt des englischen Handstreichs auf die Stadt sehr aufgebracht gegen die Engländer gewesen. "Ich bat den Pastor Smart Hughes und Herrn Townly Parker, wachsam zu sein, im Gefahrenfall das französische Konsulat als ihren Zufluchtsort zu betrachten und nach ihrem Ermessen über all meine Dienste zu verfügen."[17] Trotz der Solidarität der Christen Ali Pascha gegenüber, prangerte Pouqueville dennoch ständig die britische Politik an, die den Türken wohlgesonnen war. Es trifft zu, daß sich diese Szene (am 23. März 1814) abspielte, nur vierzehn Tage vor der ersten Abdankung Napoleons in Fontainebleau.

Von dieser unruhigen Zeit hielt er nur eine Episode fest und zwar die Räumung der Ionischen Inseln durch die Franzosen, die sogleich durch die Engländer ersetzt wurden." Ich müßte die Quelle des Schmerzes versiegen lassen, da ich meine teuersten Freunde von Korfu weggehen sehe, mit dieser alten Garnison, deren Fahnen sich unter dem Gewicht der Lorbeerkränze bogen. Denn man zählte in ihren Rängen über 5000 Soldaten, die sich in mehr als 15 Feldzügen ausgezeichnet hatten."[18] Man kann daraus schließen, daß er an dem Ereignis teilnahm und auf Korfu – unter englischem Schutz – die Instruktionen seines Ministers Talleyrand abwartete, der von Ludwig XVIII. seit Mai 1814 wieder im Außenministerium eingesetzt worden war. Dabei wurde er in die Verhandlungen bezüglich des Schicksals von Parga mit einbezogen." Man übersah nicht, daß sich der französische Generalkonsul 1806 Ali Paschas bedient hatte, um die Pforte in einen Krieg gegen Rußland und England hineinzuziehen; und man beschloß, sich an ihn zu wenden, um den Untergang der Griechen zu verursachen. Ein britischer Agent hatte zehn Jahre vorher den Rat gegeben, die Waffen niederzulegen und sich zu Bedingungen zu unterwerfen, die schlimmer als der Tod waren. Man wußte, was der Tyrann Parga wollte, und man glaubte, sich ihn gefügig zu machen, indem man ihm diesen Platz überließ."[19] Er sage nicht mehr bezüglich seiner Rolle in dieser Angelegenheit, außer daß er das Abtreten der Stadt an die Türkei verurteile. Das Abtreten der Stadt war jedoch im Prinzip von England im März 1817 akzeptiert worden. Pouqueville läßt 1824 seiner Entrüstung über die Räumung Pargas von seiner christlichen Bevölkerung auf einigen packenden Seiten freien Lauf. Aber dieser Auszug fand am 9. Mai 1819 statt und der Konsul hatte Korfu schon seit langem verlassen.

Der Vertrag von Paris vom 30. Mai 1814 enthielt von seiten Frankreichs den impliziten Verzicht auf die Ionischen Inseln und diese Klausel wurde deutlich in den in Wien am 4. Juli und 5. November unterzeichneten Vereinbarungen ausgedrückt. Talleyrand hielt die Einrichtung eines diplomatischen Postens auf Janina nun für entbehrlich. Das Amt des Generalkonsuls bei Ali Pascha wurde also aufgehoben. Der Amtsinhaber Pouqueville, der vom neuen Außenminister, so scheint es, wenig geschätzt wurde, wurde mit dem Titel eines einfachen Konsuls nach Patras versetzt. Er blieb dort bis zum

25

Ende des Jahres 1816. Dann bat er um seine Heimkehr und wurde durch seinen Bruder Hugues ersetzt.

Von diesem Aufenthalt ist in dem Geschichtswerk der "Erneuerung Griechenlands" nicht die Rede, mit Ausnahme der Tatsache, daß ein Bild vom Bischof Germanos gezeichnet wurde, der das Fanal zur griechischen Revolte am 6. April 1821 gab und den Pouqueville während des Jahres 1816 gut gekannt hatte.[20] Bis 1814 erstrecken sich also die Erinnerungen an Ereignisse, die der Geschichtsschreiber selbst miterlebt hat. An dieser Stelle ist ein Einschnitt anzusetzen.

Einige Worte zu einem anderen Punkt

Es kann sich nicht darum handeln, das Bild, das der frühere Konsul in seinem Buch von Ali von Tepelen zeichnet, einer kritischen Betrachtung zu unterziehen. Es ist allgemein bekannt, daß er aus ihm eines dieser Ungeheuer der Geschichte macht, das mit Nero, Attila und anderen in eine Reihe zu stellen ist. All die Taten des "Tyrannen", wie er ihn nennt, werden systematisch auf die für ihn ungünstigste Weise gegen ihn ausgelegt und alle nur möglichen Verbrechen werden ihm angelastet. Pouqueville war natürlich rachsüchtig und verzieh dem Pascha nicht, daß er ihm so schwierige, ja selbst gefährliche Jahre bereitet hatte. Andererseits verkörperte Ali in seinen Augen den Prototyp eines türkischen Wesirs, der für den Philhellenen die Schrecken des Sultan-Reiches personifizierte.

Unter Berücksichtigung dieser Tatsache findet man in seinem Geschichtswerk "Die Erneuerung Griechenlands" eine Reihe von direkten Anmerkungen, die es erlauben, die Urteile differenzierter zu betrachten. So auf jener Seite, auf der Pouqueville sich die Frage stellt: "Wie war die Politik Ali Paschas gegenüber seinen Vasallen, Christen oder Mohammedanern, zu vereinbaren? Obwohl alle gleichermaßen Sklaven waren, schien er indessen denen, die seine Religion verdammte, besonderen Schutz zu gewähren. Aus seiner Sicht als Politiker wird ein Grieche mit einem milderen Urteil des Wesirs rechnen können, während er, bei völlig gleichgelagertem Vergehen, stets den Mohammedaner aufhängen läßt. Daraus resultiert vielleicht auch die Art des Schutzes, der im Unterrichtswesen den Christen zugebilligt wird, bis ins Innere des Serdils, wo ich im gleichen Raum einen Popen gesehen habe, der den jungen Griechen den Katechismus beibrachte, und einen Hodja, der türkischen Kindern den Koran darlegte. Ist das Toleranz oder Gleichgültigkeit? Die Tatsache existiert, und mehr kann ich darüber nicht sagen. Ich könnte auch nicht erklären, warum er die Einrichtung kleinerer Schulen anregte, die die Kenntnis der Schrift unter den ungezähmtesten Stämmen der

Skipetaren verbreitete, wo es heutzutage als Schande gilt, weder schreiben noch lesen zu können ... Im Rahmen dieser Eigenheiten, die ich nicht einzuordnen weiß, läßt der Wesir seinen Frauen die vollständige Freiheit in Religionsangelegenheiten ... Er wollte, daß Vasiliki[21] im Palast ein Betzimmer hatte, wo sie jeden Tag Weihrauch verbrennen sollte, um Gott zu huldigen." Und der Konsul fügte als Anmerkung hinzu: "Ich selbst habe dieses Betzimmer mit einem Kupferdruck der heiligen Madeleine von Corrège geschmückt. Ali Pascha, der gerade zum Speisen gekommen war, bat mich mit Nachdruck um dieses Stück für seine Vasiliki, eine Frau, von der er mir immer mit Begeisterung erzählt hat.[22]

Schließlich darf man nicht vergessen, daß Pouqueville ein großes Erzähltalent ist. Von den drei Zusammentreffen halten wir das letzte, das vom 23. März 1844, fest. Ali stand im 75. Lebensjahr. "Am nächsten Tag, zwei Stunden nach Mittag, stieg ich mit meinem Bruder zum Schloß am See (von Janina) hinab, wo wir mit dem Wesir ein Treffen verabredet hatten. Die einfache Kohorte von tapferen Männern – geführt von dem jungen Odysseus, Sohn des Andriscos von Prevesa, – die auf den Stufen saß, forderte uns mit freundlichem Gruß auf, einzutreten. Die Pagen, die viel höflicher als gewöhnlich waren, erhoben sich bei unserem Herannahen und sagten uns, daß ihr Herr uns hinten in seinen Zimmern erwartete. Wir durchschritten langsam den Selamlik, auch Empfangshalle genannt, ein prunktvolles Zimmer, einen mit den teuersten Teppichen des Orients ausgelegten Raum, der vor Gold blitzte und mit Arabesken und wertvollen Waffen, die an der Mauer hingen, geschmückt war. Durch die gesenkten Stores verbreitete sich nur ein sehr schwaches Licht, das die in ihren Käfigen eingeschlossenen Nachtigallen, die von einem hauchdünnen grünen Schleier umgeben waren, täuschte. Sie sangen, als ob sie mitten in Wäldern wären, die vom Widerschein des Mondes erleuchtet sind. Wir gingen vorsichtig weiter, beinahe wagten wir nicht zu atmen, um ihr Konzert nicht zu stören. In einem anderen Raum wurden wir von weiteren Nachtigallen begrüßt, die sich anscheinend darin gefielen, ihre verliebten Melodien unter diesen Kuppeln zu seufzen, die sonst von den Klagen der Unglücklichen widerhallten. Wir schritten auf ein Zimmer mit Blick auf den See zu, als wir Ali Paschas gewahr wurden, der ausgebreitet auf einer Leopardenhaut lag. Die Leopardenhaut lag in der Ecke eines Sofas, das aus wertvollen Kaschmirstoffen hergestellt war. Er hielt uns mit einem Lächeln auf den Lippen die Hand hin und machte uns gleichzeitig Zeichen näherzutreten. "Heiliger Macharios, wie seid Ihr doch glücklich", redete mein Bruder ihn an. "Ich bin es tatsächlich. Mit welchem Entzücken höre ich dem Zwitschern dieser begabten Vögel zu. Tretet näher, liebe Kinder!" Und während er sich auf seinen Ellbogen stützte, fuhr er fort: "Ich wäre es vielleicht immer noch, wenn ich nur meinen Neigungen folgen würde. Oh, wenn ihr wüßtet, was manchmal vonnöten ist, um mich zufrieden zu stellen! Stellt euch vor, unter meinen Haremsdamen befindet sich eine Bäuerin, die singt und zwar jene wundersamen Melodien, die ich nicht hören kann, ohne mich in meine Jugend versetzt zu fühlen. Ich glaube mich also in meine Berge von Japhigie[23] entrückt. Mein Leben war damals sehr ruhig. Welch ein Fest war es für mich, wenn wir mit Freunden ein paar Ziegen aßen, die wir den Patres vom Berge Argenik gestohlen hatten! Wenn ich auf die Hochzeit meiner Freunde ging, war ich der beste Leierspieler im Umkreis von hundert Meilen. Ich hätte die geschicktesten Tänzer und Kämpfer herausgefordert; aber diese Zeit kehrt niemals wieder, und am anderen Ende des Lebens erblicke ich nur den Kummer der Familie, Wolken; und wer weiß, vielleicht habe ich nicht einmal das Glück, auf der Matte meiner Vorfahren zu sterben. Ich bewahre sie immer hier auf, um mir in Erinnerung zu rufen, daß ich arm geboren bin und daß ich gelitten habe." Dann stand er abrupt auf und sagte: "Wenn es nötig ist, werde ich auch dem Elend trotzen!"[24]

Der Philhellene Generalkonsul Francois-Charles Hugues Laurent Pouqueville bleibt auch der unersetzliche Geschichtsschreiber von Ali von Tepelen, Pascha von Ianina.

Anmerkungen

1 Die Einzelheiten dieser Biographie verdanke ich meinem Studenten Gérard de Pouqueville, der unter meiner Aufsicht eine Dissertation über seinen Vorfahren vorbereitet. Meinen aufrichtigen Dank dafür.
2 Dies entspricht dem Sprachgebrauch unter der Restauration. Kaiser Napoleon wurde damals als "Ursurpator" angesehen und deshalb ständig mit seinem Familiennamen Bonaparte bezeichnet.
3 Geschichte der Erneuerung Griechenlands, T. I, Seite 251.
4 ebd., T. I., Seite 258/59.
5 ebd., T. I., Seite 331/32.
6 ebd., T. I., Seite 336.
7 ebd., T. I., Seite 337.
8 ebd., T. I., Seite 371.
9 ebd., T. I., Seite 390.
10 ebd., T. I., Seite 395.
11 ebd., T. I., Seite 396.
12 ebd., T. I., Seite 403.
13 ebd., T. I., Seite 418.
14 ebd., T. I., Seite 422.

15 Antoine-François Graf von Andreossy (1761-1821) hatte am Staatsstreich des 18. Brumaire teilgenommen; als Divisionsgeneral und Mitglied der Akademie der Wissenschaften, war er von 1812-1814 Botschafter in Konstantinopel.
16 ebd., T. I., Seite 423.
17 T. I., Seite 423.
18 ebd., T. I., Seite 419.
19 ebd., T. I., S. 423.
20 ebd., T. I., S. 434.
21 T. II., S. 11 und ff., S. 318-320.
22 Junge Griechin, die er bei der Zerstörung des Dorfes Plichivitza durch seine Truppen retten ließ. Vgl. T. I., S. 234-236.
23 T. I., S. 284-287.
24 Südalbanien.
25 ebd., T. I., Seite 419/421.

Richard Clogg

Two American Philhellenes at the Academy of Chios in 1820[1]

The admiration felt by Adamantios Korais, the intellectual mentor of the movement for Greek independence, for what he termed the 'Anglo-Americans' is well known. We have the example, for instance, of Kovais' correspondence with Thomas Jefferson, which arose out of an introduction between the two men effected by John Paradise in Paris in 1779. Indeed, in 1788, at the conclusion of his studies at the University of Montpellier, one of Korais' academic patrons D'Ansse de Villoison, wrote to Thomas Burgess, a fellow of Corpus Christi College, Oxford to see whether a suitable job could be found for a classical scholar whom he considered, to be of the highest distinction. Nothing came of this particualar approach although we can surmise that Korais' whole future career might have been very different had he spent the years of the French Revolution cloistered among the dreaming spires of Oxford rather than amid the hurly burly of revolutionary France.[2]

One can well imagine Korais' excitement, therefore, when, in 1820, he learned that two Americans had arrived on his beloved island of Chios to study at the Academy there. As he wrote to his friends Kontostavlos and Frangiadis on 27 September 1820, 'the other day I received letters from [Neophytos] Vamvas and the *epitropoi* ... the *gymnasion* goes from good to better, it has 476 pupils, of whom 76 are strangers from different parts of Greece, except for two (a strange and hourable thing for Greece) who are Americans'. Vamvas had given him only the names of the two Americans, Parsons and Fisk. To another friend, Kokkinakis in Vienna, Korais also wrote, on 6 October of the same year, to say how much the arrival of the two Americans had delighted him, going so far as to describe the arrival of the Americans as a 'saving miracle' ($\theta\alpha\hat{\upsilon}\mu\alpha\ \sigma\omega\tau\acute{\eta}\rho\iota o\nu$). It is clear that Korais considered the presence of the two Americans at the *gymnasion* to be an indication that education in a regenerated Greece had finally come of age. For not only had students from throughout the Greek world gathered to study with Vamvas but now two Americans had come to study with the same teacher. But it is difficult to imagine that Korais would have been quite so enthusiastic had been aware that the two Americans were in fact missionaries and of the reason why the two had decided to spend some time at Vamvas' academy. It would seem that, apart from the letters that I have mentioned, nothing more is known of Korais's reactions to the exciting news which he had received from Vamvas. It appears that he remained in ignorance of the real identity, and objectives of the two American students at the Academy of Chios.

But fortunately we are in the position to throw more light on the two Americans. Both were congregational ministers who had been despatched by the American Board of Commissioners for Foreign Missions to work on behalf of the Western Asia Mission, as it was termed, and which included within its area the whole of the Levant. Both have published quite full descriptions of their activities which enable us to reconstruct in some detail their visit to Chios.

These are included in two accounts of their lives and missionary endeavours. The first is Alvan Bond's *Memoir of the Rev. Pliny Fisk, A.M. Late Missionary to Palestine* (Boston 1828) and Daniel O. Morton's *Memoir of Levi Parsons, first missionary to Palestine from the United States: containing sketches of his early life and education, his missionary labors in this country, in Asia Minor and Judea, with an account of his last sickness and death ...* (Burlington, Vermont 1830). Both contain numerous extracts from their letters and diaries relating to the their time in the Near East. The two missionary philhellenes also sent detailed reports of their activities and impressions to such Protestant missionary publications as *The Missionary Herald*, which was published in Boston by the American Board of Commissioners for Foreign Missions, and *The Missionary Register*, published in London by the Church Missionary Society. These various accounts enable us to reconstruct their visit in some detail and afford at the same time a useful insight into the way in which the eye-witness accounts of foreign missionaries can throw interesting light on the cultural and social history of early nineteenth century Greece.

Both Levi Parsons and Pliny Fisk had been born in 1792 and both had studied at Middlebury College in Vermont, following which they had attended the theological seminary at Andover in Massachusetts. They were appointed to the Western Asia Mission in 1818 and left Boston on the 3 November 1819. En route, they passed through Malta, which was at that time the principal centre of Protestant missionary activity in the Mediterranean area, on their way to Smyrna, where they arrived on the 15. January 1820. During their voyage they had learned some Italian and had received advice from the Reverend William Jowett, the representative of the [British] Church Missionary Society in Malta and himself the author of a most valuable account of the Academy of Ayvalik in 1820;[3] the academies of Ayvalik and Chios, together with the Philologiko Gymnasio in Smyrna constituting at this particular juncture the centre of gravity of higher education in the Greek lands.

On their arrival in Smyrna they soon appreciated that their lack of a knowledge of modern Greek would prove to be a serious handicap in their missionary endeavours. These, of necessity, were to be directed at the Christian populations of the Empire, that is to say the Orthodox, Armenians and Catholics in view of the very strict prohibition that existed on the part of the Ottoman authorities against any kind of proselytising among the Muslim populations of the Empire. As they embarked on the study of Modern Greek they rapidly realised that they would need a good teacher, for which reason they decided to enrol in the *gymnasion* of Chios which they described as 'one of the First Literary Institutions in the Turkish Dominions', a further motive for deciding to study in Chios being that it afforded 'an eligible summer residence.'

They therefore left Smyrna on the 10 May and arrived at Chios on the 12th. On arrival they visited the Greek metropolitan of the island who asked them whether they were indeed 'Washington's countrymen'. On the 15. May they called on Neophytos Vamvas to whom they presented letters of introduction from the Rev. William Jowett, the Church Missionary Society's representative in Malta, and from the Rev. Charles Williamson, the chaplain to the Levant Company's factory in Smyrna. Williamson had himself carried off a considerable coup during the course of the previous two years by arranging for the printing at the press of the Ecumenical Patriarchate in Constantinople of a least six tracts of a markedly Protestant character at the behest of the Religious Tract Society in London.[4]

Vamvas was in the course of teaching a class on Sophocles when the two Americans called on him and he courteously inivited them to come to his study daily for lessons in modern Greek. Vamvas took the opportunity of presenting the pair with a copy of his *Grammatiki tis Ellinikis glossis, syntakhtheisa eis tin koinin opheleian dia tous mathitas tis en Khio dimosiou Skholis* which was printed on the press newly established in Chios by the German I.D.G. Bayrhoffer. Afterwards they looked in on another class where one of the teachers was giving a course of lectures on chemistry. The professor was delivering a lecture, 'upon *atmosphere'* with great energy, while the students gave 'their most profound attention'.

Having arranged their classes with Vamvas they now fell into a routine of Greek lessons, having rented a small house for eight dollars a month for themselves and their interpreter, a Greek namend Martinos, whom they had taken on in Smyrna. Martinos spoke Greek, Turkish, French and Italian without being able to write so much as one word of any of these languages. Their daily expenditure amounted to some 60 or 70 cents and, while they could not find good milk and butter, Fisk noted that the bread was 'very good, and also rice; fruit, such as oranges, lemons, almonds, etc. are very cheap. Wine costs five or six cents only per quart; and except water, is the common drink of the country.'

In a letter to his father, Fisk wrote that he was 'acquainted with but two persons on the Island who speak English, and we do not very often see them. Many speak Italian, in which we are now able to converse with considerable ease; and we begin to stammer a little in Greek'. Of Vamvas he wrote that 'he ist undoubtedly the most learned man on the island. We have access to his public lectures in the forenoon, and spend from one to two hours in his study in the afternoon.'

Soon after their arrival on the island, they came across an unfortunate British sailor called Thomas Pewett, who had apostasised to Islam while drunk, as a consequence he had been given Turkish clothes to wear and was considered as a Turk. Now, however, he had changed his mind about his apostasy, and asked the two missionaries what he should do. Their reply was not very helpful for all that they could say to him was that his 'situation was awful. We feel for you, but we cannot help you. Your sin is great; your danger is great'.

In an entry in his diary for 15 June, Parsons noted that Vamvas had expressed a wish to learn English, a development which greatly pleased the missionaries who regarded Vamvas' interest as a 'remarkable providence' for 'by this means, missionaries who come after us may derive valuable instruction; and also religious books may be put into the hand of professor B. which may kindle a fire in his breast which cannot easily be extinguished.'

Soon after Vamvas had manifested a desire to learn English, Parsons and Fisk received his permission to print some religious tracts at the press which had recently been established on the island, much to Korais' delight, for he had been fearful that the Ayvaliots, who had sent a young Greek, Georgios Kostakis Typaldos, to study the art of printing in Paris, might establish a press before his beloved Chios. It appears that they arranged for the printing of two such Protestant tracts during their stay on the island. In effect these were reprints of two of the tracts which the Rev. Charles Williamson had arranged to be printed on the press of the Ecumencial Patriarchate. The first, 'consisting of extracts from Chrysostom on the duty and importance of searching the Scriptures', was entitled in Greek *Apanthismata ek ton tou Agiou Ioannou tou Khrysostomou peri tis Angagnoseos tis Palaias kai Neas Diathikis*. The second, a translation of Isaac Watts' *The End of Time* was translated as *To telos tou khronou: epitomi ton logon tov Dr Isaac Watts*. The wish of the two Americans to publish a third pamphlet, the Rev. Legh Richmond's *The Dairyman's Daughter*, which they had translated into Greek as an exercise with Vamvas' help, seems not to have been fulfilled. The metropolitan of Chios, who had presumably given his permission for the printing of the first two tracts, gave no encouragement to the publication of the third. 'His objection was, that the people would be afraid of Protestant influence; and also that the author of the tracts states that Elizabeth [the heroine of the tract] is gone to heaven. By this it may be understood that he believes that there is no salvation out of the Greek church'. Parsons added that 'to the honour of professor Bambas it ought to be mentioned that he was desirous that 'The Dairyman's Daughter' might be published, and wept while reading it.'

It appears that the two tracts that they did succeed in printing circulated in substantial numbers. The Chrysostom tract, which had thirty sides, was printed in 3000 copies, a very large tirage for the time, and cost about 600 grosia, that is to say about 80 dollars. On the 4 August they distributed some 200 copies to the pupils at the *gymnasion* 'whose brightened eyes and joyful countenances expressed their gratitude'. One of the pupils, indeed, undertook to send a quantity of tracts to his parents in Thessaloniki for distribution there, while another promised to distribute 50 in Psara. A teacher from Crete took 200 copies for his own pupils and to distribute to other schools. The printer took 50 for himself to send to Constantinople, while Parsons and Fisk energetically distributed them through the island of Chios.

Parsons, in a letter to the Rev. Elisha Yale, mentioned that

We have visited six monasteries in different parts of the island, in all of which are about seven hundred souls devoted to a monastic life. In each monastery we have left two copies of the New Testament in the common dialect, and a considerable quantity of religious tracts. This day we visited a monastery, about six miles distant, and left one hundred and twelve tracts and two Testaments. The president of the monastery informed us that there were three hundred and eighty monks, including forty priests, now residing there, but only one hundred were able to read their own language. We did hope to find much more information prevailing among that class of people which retire from the world to enjoy their religion.

Vamvas enthusiastically supported their efforts to distribute the tracts. On one occasion when the two Americans were distributing copies to some five or six hundred youths, Vamvas delivered 'a serious exhortation to each class, and urged the importance of an attentive perusal'. 'This little book', he added, 'relates to the blessed gospel, and is worthy of most serious attention. You must read it frequently, and understand as you read'.

Parsons and Fisk appear to have been bombarded with requests for tracts. One day, they wrote, 'we were *crowded* with children who applied for tracts. It is our practise to make every child read some before the tract is given. Companies of boys, from five to twenty in number, came to our door and requested little books. We found it an interesting day, and the children will not soon forget us'. Altogether they reckoned to have given tracts to some eight hundred school pupils, to have distributed some two thousand tracts throughout the island and to have sent 100 to Smyrna, 200 to Crete, 100 to Thessaloniki and 100 to Kerkyra. In all, Fisk reckoned that during their five month stay on the island they had distributed 3700 tracts and 41 copies of the scriptures, presumably one of the editions printed by the British and Foreign Bible Society.

All this activity, however, was secondary to their primary purpose, which was the learning of Modern Greek. Every afternoon, at four o'clock, they spent one or two hours with Vamvas for whom they developed a very great respect. 'It is very pleasant' Fisk wrote to his father, 'to enjoy the society of such a man; for most of the people here are ignorant to a degree, of which you can form no adequate conception. Think of the most ignorant family you ever knew, and the think that almost all the people here are still more ignorant. Multitudes of them cannot read a word. They who can read, have but few books and read but little.'

On 22 August, somewhat belatedly one might think considering that they had been on the island for some three months, they asked Vamvas what fee he expected for teaching them modern Greek. Vamvas' reply was that 'such a thing as a reward never entered my heart'. Besides the lessons which they received from Vamvas, they frequently attended other classes at the *gymnasion* and were particulary delighted when one of the English books that they had brought with them, *The Young Minister's Companion,* was used in English language classes, being dictated to classes of as many as forty men 'collected from different parts of the empire and some of them without doubt, from distinguished families.'

It would appear that during their stay on the island Parsons and Fisk learned sufficient Greek to understand the course of instruction at the *gymnasion,* which William Jowett, another missionary visitor, was to describe as 'a very principal seat of literature for the Greek nation of the present day.' Parsons, indeed, was able to give one of his former professors at Middlebury College, where he had studied as an undergraduate, a detailed picture of the curriculum and pedagogical methods of Vamvas and his colleagues.

For a long time, there has been a public school in this city; but five years since, it has assumed a new form and government under the care of Mr. Bambas, the principal professor. The progress has been rapid, and it now claims a rank among the first literary institutions of Turkey. Professor Bambas, previous to his acceptance of the seminary, spent seven years in Paris qualifying himself for the the duties of this station, and he is now held in high estimation both as a scholar and an instructor. Young gentlemen form Constantinople, Smyrna, Thessalonica, Athens, and indeed from every direction are sent here to receive an education, and remain from one year to five years, according to the studies pursued. The number of students is about seven hundred; all of whom receive their instruction gratuitously. It is necessary to observe, however, that a considerable proportion of the students are very young, and are instructed in the first principles of grammar. In the different departments of college are fourteen instructors, who may be arranged in the following order.

The scholars in grammar are divided into four classes, according to their improvement, and are required to be in their respective recitation rooms two hours and a half in the morning, and one hour and a half in the evening of each day. The method of teaching is quite peculiar. The instructor first reads the lesson from some ancient Greek author; compares each sentence with the modern Greek, and gives a paraphrase of the whole in the common dialect. After this, three students (selected by lot) are required to give in rotation a public exposition of the lesson, submitting to the correction made by the professor. In this manner every member of the class must be in preparation, or be in danger of public admonition.

The lessons of the *second* class are in ethics and history, selected from the works of Chrysostøm, Isocrates, Plutarch, Dionysius and Lucian. The *third* class, in distinction from the first and second, are instructed in *poetry* – lessons taken from the Iliad – also in the different dialects and measures. The *fourth* class study Demosthenes, Plato, Herodotus, Homer, Sophocles, Euripides, and Pindar, and are required to translate freely from the ancient Greek. The *examinations* are frequent and critical. Every Saturday the principal professor visits each class, examines the students in the lessons of the past week, and makes inquiry with respect to their moral deportment. At the close of each month, the students are required to present to the officers of college a fair copy of each lesson during the past month, and to submit to a public examination. On the seventh day of January in each year commences an *annual examination* which continues twenty days, in the presence of the bishop, corporation, faculty of college, and respectable gentlemen from the city ... The *library* is yet small, consisting of only three thousand volumes, among which are excellent editions of the works of Homer, Herodotus, Plutarch, Xenophon, Virgil, and the Holy Fathers. The number of buildings occupied by the college is nine; a chapel, laboratory, library hall, and lecture rooms.

In a despatch to the *Missionary Herald* the two gave another a detailed description of the school, adding that for the 700 to 800 students there were 14 instructors; one professor of chemistry and rhetoric, one of mathematics, one of theology, geometry etc., one of the Turkish language and nine teachers of ancient and modern Greek. 'The *funds* of the College' he wrote, 'are obtained in part from the Greek community, and in part by private donations. A Gentleman from Russia has recently given 20,000 or 30,000 dollars to this eminary. Tuition is given *gratis* to all students'.

The two Americans also visited a number of what they termed 'common schools' during their sojourn on the island, where they also handed out tracts. They were somewhat scandalised by some of the festivities which they witnessed on the island. On the 6 July, the feast of St John, for instance, Parsons observed with horror that 'instead of relgious worship, there was music and dancing, and jumping and frolicing, and this too at the church door. I saw one young girl, after dancing at least twenty minutes without cessation, pass directly to the church, cross herself thrice, and then retire home ... Seldom have I been more affected in view of the ignorance and danger of souls.'

Their sojourn on the island ended on the 23 of October, after a stay of some five months, when they took leave of Vamvas, the bishop and the Russian consul amid warm considerations of friendship.

We do not know how much Greek the two American missionaries learnt during their stay on Chios. They must have made significant progress for, as we have seen, they were able to translate, admittedly with the help of Vamvas, *The Dairyman's Daughter* into Greek and their proposal to the metropolitan that a Bible Society, similar to those that had already been established, under British protestant auspices, in Kerkyra and in Smyrna[5], was likewise written in Greek. To this proposal the bishop had given a somewhat equivocal reply; saying simply that 'this is very good' and remarking 'upon the utility of Bible societies in different parts of the world'. They had, however, little opportunity to make use of their knowledge of Greek in Smyrna. For in December of 1820, scarcely two months after he had left Chios, Parsons left for Jerusalem, passing *en route* through Chios where Vamvas, in welcoming him, 'hung on my neck for not much less than half an hour'. In 1821, he travelled widely throughout Palestine and the Middle East. Towards the end of 1821 he returned for a short while to Smyrna, but his health had been destroyed and, in February 1822, he fell sick in Alexandria and died. Fisk, after leaving Chios, spent a year in Smyrna and then was active as a missionary in Egypt, Palestine and Beirut until he, too, succumbed to illness and died prematurely in October 1825.

It has thus proved possible to throw some light on the visit of the two Americans to Chios which so caught Korais' imagination. We may safely assume, I think, that Korais would have been less enthusiastic if he had realised that the principal objective of Parsons and Fisk was to learn Greek so as to facilitate their effort to proselytise among the Orthodox populations of the East and that they had spent much of their time on the island printing and distributing religious tracts of a markedly Protestant character. For Korais had well-known and understandable suspicions of missionary activity on the part of both Catholic and Protestant missionaries. Indeed, he fiercely attacked 'the mania for proselytisation, a mania so strong, that those enemies of Jesus, the Jesuits, considered and continue to consider the return of a single Greek to their church as a much more worthy undertaking than the conversion of ten Turks or ten idolaters'.

However, the relevant reports of Parsons and Fisk throw interesting light on the initial stages of Protestant missionary activity in the Middle East, which only got underway with the termination of the Napoleonic wars. More importantly, they give an interesting picture of Vamvas and of the *gymnasion* of Chios at a time when education was 'more cultivated in Scio than perhaps in any other part of Greece'. Moreover, unlike most Western travellers in the Greek lands at this time, they spent not hours, or even days, but months on the island and thus their testimony about one the most important centres of the 'Neo-Hellenic Enlightenment' has a particular values for students of Greek cultural history during the critical decades of intellectual ferment before the outbreak of the Greek War of Independence in 1821.

Notes

1 This paper is closely based on my article 'O Parsons kai o Fisk sto gymnasio tis Khiou to 1820', *O Eranistis*, v (1967) 177-93. Full references are to be found there.
2 See Richard Clogg, 'The correspondence of Adhamantios Korais with Thomas Burgess, 1789-1792', *Anzeiger der phil.-hist. Klasse der Österreichischen Akademie der Wissenschaften*. 106 Jahrgang (1969) 40-72.
3 See William Jowett, *Christian researches in the Mediterranean from 1815 to 1820 ...* (London 1822) and Richard Clogg, 'Two accounts of the Academy of Ayvalik (Kydonies) in 1818-1819', *Revue des Etudes sud-est européennes*, X (1972) 633-667.
4 See Richard Clogg, 'Some Protestant tracts printed at the press of the Ecumenical Patriarchate in Constantinople: 1818-1820', *Eastern Churches Review*, II (1968) 152-164.
5 See Richard Clogg, 'The foundation of the Smyrna Bible Society (1818)', *Mikrasiatika Khronika*, XIV (1970) 31-49.

Loukia Droulia

Philhellenism and Greek Writings for the Cause

It is not easy, when talking about Philhellenism, to find a new approach to the subject. For the fact is that inumerable books and articles have been written by Greek and foreign historians, especially in recent years, covering every facet of the movement and presenting it in a glamourised or mythicised light. Nevertheless, I think the time is now ripe for the various particularised studies to be used inductively so that the phenomenon of Philhellenism can be reconstituted in its proper dimensions. This means finding the common denominator, the common characteristic which forms an invisible link between dissimilar and often seemingly incompatible situations; the common factor uniting the people of many different nationalities who overtly or covertly played leading roles in the movement; the common underlying element that does much to justify or explain actions which, all too often, could hardly be described as philhellenic.

The name "Philhellenism" has come to be applied to the movement which sprang up in the years when the idea of the rebirth of Greece was in its infancy. That idea started ripening faster in the minds of the Greeks themselves towards the end of the eighteenth century and culminated in the great uprising of 1821; and the movement of Philhellenism may be said to have progressed hand in hand with it. At the same time the emphasis shifted. In the late eighteenth century the stirring of interest in Greece, especially among Western Europeans, had grown out of admiration for classical learning, an admiration which had its roots in the Renaissance of the sixteenth century. Now, however, new factors such as political ambitions and cultural and social trends were instrumental in directing the attention of foreigners towards the contemporary inhabitants of Greece and their problems. The country itself – the "Classical land", as it was called – continued to exert its spell on them as strongly as ever. The point was that they thought the contemporary Greeks, with their deeply rooted traditions, would help them to understand the ancient world better.

Before long the widespread vogue for antiquarianism and the steadily mounting interest in the descendants of Greece's ancient inhabitants was reinforced by a new and more specific kind of fervour. It was kindled by an action, the dour struggle of a small nation with a long history striving to regain its place among the nations of "enlightened" Europe. And in this, it seems to me, lies the very essence of Philhellenism: in the two-way current lining the

West with the Greek world, the Europeans with their spiritual forebears, the Greeks with the extended European family. Georgios Tertsetis, a Greek scholar writing in the mid-nineteenth century, has left us a vividly-coloured description of these attitudes, which were evidently commonplace at the time of the War of Independence. "The Philhellene," he remarks, "is the Greek spirit returning to its homeland after a sojourn abroad; or, to put it another way, a ship flying a foreign flag but carrying a cargo of Greek goods. If it is true, as is generally admitted, that the ancient writers of Greece such as Plato, Aristotle, Sophocles, Thucydides and so many other immortal writers moulded the new spirit, the new civilisation of the world, would it then be possible, would it be natural for generations of men enlightened by Greek wisdom to remain indifferent to the tribulations and dangers facing the land which gave birth to their wise mentors?"[1].

It is clear, then, that the outbursts of romanticism inspired by the Greek cause, the feelings of antagonism towards the infidel conquerors and the resistance to decisions of the Holy Alliance, all of which were contributory factors in rallying support for the embattled Greeks, were not the only nor even the essential components of the idea of Philhellenism. In addition to all these, and more important than any of them, there was the sense of European identity nourished on the traditions of classical education which provided the patterns for freedom of thought and the dignity of the individual. What is more, it was that sense of identity that set its mark on the very word "Philhellenism", that peculiar neologism charged with moral overtones, and on the movement named after it.

So, when we talk about Philhellenism, we mean something more than a mere feeling of friendship towards Greece, more than the giving of succour and support in common struggles, as was the case with the other Balkan people that made common cause with the Greeks. Indeed when we consider the impact made in Western Europe by the Greek liberation struggle as compared with that of other uprisings, such as the Serbian, we can readily appreciate the importance of the Philhellenic movement with its international dimension.[2]

The response of a large section of the European public to the news of the Greek revolution was swift and constructive, despite the opposition it provoked in the international political arena and in conservative circles. Admittedly, it must be said at the outset that the various political, social and religious groups in Western Europe, and to a lesser extent in North America too, which displayed a positive interest in the liberation of the Greeks, often used the Philhellenic movement to serve their own intersts or to enlarge their spheres of influence. Similary, many of the individuals who went out to support the Greek liberation struggle in person did so in answer to some inner urge of their own, or to satisfy their sense of moral obligation, their ambitions and aspirations, or even to find a way out of their financial problems. Besides these, however, there were a great many anonymous people whose enthusiastic espousal of the Greek cause was not a conscious political act but an instinctive behavioural reaction.

Needless to say, Philhellenic ardour did not remain at the same high level throughout the War of Independence, nor was it equally strong in all countries. Fluctuations were brought about by a variety of factors, reflecting events that influenced this international movement. For instance, after the outbreak of the Greek liberation struggle in March 1821, the main sparks that kindled fresh interest abroad on a substantial scale were the Chios massacre of 1822, Byron's death at Mesolonghi in 1824, the tragic exodus from Mesolinghi in 1826 and the battle of Navarino in 1827. On the other hand, the profound disenchantment of the first volunteers, especially the Germans, caused by their painful experiences in Greece, damped the frenzied enthusiasm of the Germans and Swiss after the end of 1822, while the attention of the French was diverted by their country's intervention in Spain in 1823.

To sum up the Philhellenic movement as a whole, it is fair to say that although things done in the name of Philhellenism sometimes ran contrary to its original aims, although individuals and governments often used the movement for their own pupposes, in the final anaylsis these negative considerations did not outweigh the positive consequences. At the level of personal involvement the movement made a considerable, indeed a decisive impact, not only in terms of the material assistance given to the Greek cause but also through the provision of moral support, from which the Greeks drew the strength to persist with their struggle for national identity as members of the extended European family in defiance of what seemed insuperable difficulties. This stubborn determination to carry on the war, which did not fizzle out at the end of 1821, nor in 1822 or any of the following years, was the great contribution of the Philhellenes which culminated in the battle of Navarino. It was this dogged perseverance that eventually persuaded foreign governments to shift their positions, not only under the pressure of public opinion – the importance of which I think has been rather overrated – but also in order to safeguard their interests in the eastern Mediterranean before it was too late, now that equilibrium had been disturbed in that region.

The energetic crusade that was set in motion by the great insurrection of the Greeks owed a great deal to the Greeks of the diaspora. Permanent residents abroad, emigrant merchants, exiled or self-exiled personages, scholars and students, enlisted as often as not by recruiting agents of the Filiki Etairia, all offered themselves wholeheartedly to the cause. Each of them in his own way did what he could to stimulate pro-Greek sentiment, and between them they did much to enlarge the membership of the the Philhellenic movement. In the same way as Constantinopolitan scholars of the diaspora, such as Bessarion and Janus Lascaris, toured Western Europe in the years following the conquest of Byzantium by the Ottoman Turks, appealing to political rulers and church leaders to organise new crusades to deliver Hellenism from the hands of the infidels, so now prominent personalities applied their intellectual powers, provided financial support and enlisted the sevices of their friends and fellow-scholars abroad to promote the renascence of the new Hellenism. Among them were the Greek scholar Adamantios Korais and his circle in Paris, the Ionian diplomat in the Russian service. Ioannis Kapodistrias, and Metropolitan Ignatios of Ungro-Vlachia and his entourage in Pisa, all of whom had taken active steps in this direction long before the Revolution.

As early as 1803 Korais, in what may be described as a Philhellenic tract ahead of its time, successfully endeavoured to present a graphic and elegantly written account of the progress of Hellenism, citing factual evidence attesting to the awakening of the Greeks' sense of national identity. In his famous *Memoire* addressed to a foreign readership, namely the members of the Société des Observateurs de l'Homme[3], he came to the conclusion, after rebutting the current opinions to the contrary which had deeply wounded him, that the change which had taken place had been brought about without outside help, by the will of the Greek people alone. Exactly what Korais was aiming at in this memoir is explained in the prefatory dedication to his friends Michael Zosimas and Thomas Spaniolakis, both merchants. I quote from it in the original French: "Ce Mémoire est une annonce solemnelle, adressée à toute l'Europe éclairée, des efforts que nous faisons pour nous éclairer aussi. Mais, par cela même qu'elle est solemnelle, elle devient une espèce d'engagement; et il importe que vous le fassiez connoître à la Nation, au nom de laquelle je n'ai point hésité à le prendre. Nous avons tous senti le besoin de rentrer en possession des lumières de nos ancêtres, dont une longue suite de malheurs nous avoit, pour ainsi dire, déshérités; et nous commencons tous à agir en conséquence. Cependant il ne suffit point de commencer; il faut persévérer jusqu' au bout. Dans la nouvelle carrière que nous parcourons, chaque pas que nous aurons fait en avant sera un triomphe pour la Grèce moderne; et la partie des l'Europe qui joint l'humanité aux lumières, et qui nous observera désormais, ne manquera pas de nous y encourager par ses applaudissements. Mais malheur à nous, si nous retrogradions! Nous affligerions les nombreux amis de notre régénération; et nous justifierions tout ce que la malveillance a débité pour nous noircir. Quel est celui d'entre nous, ô mes amis, qui voudroit survivre à un pareil opprobre?".

As we all know, this was not the only piece that Korais wrote on the subject; his multifarious doings which made him the focal point of Greek patriotic activities abroad have often been described by contemporary scholars. On the one hand he poured out a steady stream of exhortations and advice to his fellow-countrymen: in his letters, he set out to promote the idea of Greek nationhood and to draw the attention of the Greek revolutionaries to two points in particular: the maintenance of liberty and the need for justice and isonomy. And on the other hand he was unremitting in his efforts to enlighten the people of other countries about the Greek cause. He wrote articles which were published by his friends in their own names or anonymously, he gave publicity to Greek appeals for support, he corresponded with numerous pro-Greek acquaintances, he translated the Epidavros Constitution into French to present an image of Greece as a country governed not by the law of the jungle but by the rule of law[4]. "Honoured Sire", wrote Dimitrios Ypsilantis to Korais on 1st April, 1821, "May you prosper and speak out in your stentorian voice to proclaim to the enlightened nations of the world how great are our rights.[5]

Fraternisation between Greeks of the diaspora and people of other nationalities had been a crucial factor in helping to dispel the generally bad impressions of the intellecutal and moral degeneration of the descendants of the ancient Greeks. As time went by, the Greeks' frequent contacts with the outside world created a favourable climate: it is noticeable that wherever there was a sizable Greek presence Philhellenic sentiment was strong before the Revolution and throughout the War of Independence. It was mainly in the university cities and international trading centres of Europe that such meetings took place and views were exchanged. Western classicists became closely acquainted with Greek scholars and students while merchants would socialise with their fellows whom they met in the course of business.

So, when the War of Independence broke out, Western liberal enthusiasmos were fanned and conservative fears allayed by the pamphleteering of Greeks and also of foreign supporters of the cause, many of whom took up their pens at the instigation of Greek acquaintances of theirs. Numerous propaganda writings in foreign languages were of Greek origin: in them we see the Greeks of 1821 explaining the background to their righteous struggle for liberty and expounding the arguments in support of the justice of their cause.

In the first place we have the proclamations and declarations penned by the protagonists themselves – the military and political leaders – to explain why they had taken up arms. Although they were not all addressed to foreigners, their authors knew very well that they would find their way to an international readership. Because of this, special care was taken over them: many of these printed or handwritten releases not only appeared in foreign newspapers but were often included in foreign-language pamphlets brought out by persons working for the Greek cuase. Both Greeks and foreigners translated and published them to make them accessible to a wider public.

Besides these there were pieces written by Greeks who had studied in Western Europe, observed Western reactions at first hand had experience of the European way of thinking, and who felt it their duty to keep the West informed of the Greek situation and at the same time to rebut the various charges that were levelled against the Greeks. To start with, their contributions mostly took the form of unsigned pamphlets, poems and newspaper and magazine articles. Later on these were supplemented by factual books about Greek history, education, language and so on, which filled out the picture of the Greek homeland, not to mention the stories of personal experiences or accounts of the alien ways of Greece's Asiatic overlords which painted a vivid picture of Greece's sorry plight and described the conditions which the enslaved Greek populations had had to endure for so many years.

Among the first people who joined in the propaganda drive to explain the causes and aims of the Greek revolution and to rebut the charges brought up at the Laibach conference – besides Korais, who has already been mentioned – were K. Minoidis Minas, Konstantinos Polychroniadis, Panayotis Codrikas, Konstantionos Nikolopoulos, Grigorios Palaiologos, Michael Schinas and a number of others, some known by name and some anonymous.[6]

It is not possible to enumerate here every single piece of writing which, either directly or indirectly, passionately espoused the Greek cause. I will, therefore mention only the main points put forward by the Greeks when arguing the case in support and justification of their countrymen's national liberation struggle in the tracts that circulated in Western Europe.

First and foremost, emphasis was laid on the will of the Greek people to throw off the intolerable foreign yoke. The time had come when the oppressed subjects had had enough: no longer would they put up with humiliation, deprivation and contemptuous disregard. This determination of theirs to cast off their fetters was a message they broadcast loudly in all directions. But declarations und proclamations of this kind were not enough: their righteous demands did not produce an automatic response. Quite the contrary, in fact. Actions had to be backed by logical argument and reasoning.

If we examine the Greek writings published in support of the Philhellenic movement, with their closely-argued reasoning and their detailed facts about the freedom fighters and their country, we find three main arguments that stand out for the force with which they are presented and the frequency with which they occur. One might be classified as a cultural argument, one legal and one politico-economic.

The cultural argument consisted in drawing attention to the common heritage. Readers were reminded of the part played by ancient Greece in forming the European ethos and European civilisation, and of the debt Europe owed to the descendants of the ancient Greeks. Nor did the Greeks rely solely on allusions to their ancestral glories: they strove consistently to impress upon their readers the intellectual attainments of the new Hellenism. In 1826 we find Jakovakis Rizos Neroulos in Geneva giving lessons in modern Greek literature and history, which he published in book form[7]. And even before that, in 1822, Stephanos Kanellos, a doctor by profession, had written ten letters to Karl Iken containing valuable information about the culture and scholarship of the modern Greeks; these letters Iken subsequently published in German translation in his book *Leukothea*, thus giving the German-speaking people an introduction to modern Greek literature[8]. Nor should we forget that the first translation of selected stanzas from Solomos's "Hymn to Liberty", published in an English magazine in 1824, was prompted by the same motives[9]. The Greek deputies sent to London to negotiate loans were also instructed, among other things, to arrange for the wider dissemination of Solomos's poetry. Similarly, Firmin Didot, the well-known Philhellene publisher of Greek folk-songs collected by Claude Fauriel, felt obliged to insert the Solomos Hymn in addition to the "War Song" of Rigas Feraios, which Fauriel had already included in his collection, the object being to persuade the European public that the Greek people really had arrived at their long-cherished goal of national rebirth[10].

An important point that was central to many arguments, including those advanced by foreigners, was the question of legality[11]. Were the Turks really the lawful sovereigns of the old Byzantine Empire, and did the Greeks really have a right to revolt against lawful ruler, the Sultan? These disputed issues, which brought scholars springing strongly to the defence of the Greeks, also made the more level-headed revolutionary leaders careful about the public image they presented. A veil of silence was drawn over the role of the Filiki Etairia, the secret society which prepared the ground for the Revolution, and its actions were often publicly disavowed; attention was drawn to the formal acts of the Government to demonstrate that the new state was properly organised and functioning smoothly; in some cases the Government gave a very cool reception to foreign liberals volunteering to join the cause. These, and other incidents of the same kind, were all intended to uphold the legality of the revolutionary struggle.

The legality debate was centred around three main points: first, the objectives of the Greek insurrection; secondly, the Greek refusal to recognise Turkish sovereignty as legitimate and the Sultan as their lawful ruler; and thirdly, the feeling, deeply ingrained in the minds of the Turks, that their presence on European territory was impermanent.

The objectives of the Greeks were to defend their Christian faith and safeguard their physical existence, to throw off the hateful foreign yoke and re-establish their nationhood, and to set up an independent, well-governed state with political entity, organised on the European pattern, which in due course would take its rightful place among the European nations on an equal footing. These were entirely legitimate aspirations having nothing in common with the class struggles and anarchist movements erupting elsewhere at the time, from which the Greeks made every effort to distance themselves.

As regards the second point, it was argued that the legitimacy of Turkish sovereignty had never been acknowledged by the Greeks, as the fall of the Byzantine Empire had not been validated by any oath of allegiance to the Turks. Nor had the other European powers conceded any such legitimacy to the invaders: on the contrary, from the very outset they had organised "crusades" to halt their westward advance. Moreover, the Turks had never been accepted into the European political system and the Sultans' rights to the throne were contested on the grounds that they did not adhere to the lawful rules of succession in accordance with the established norms accepted in the West. In short, the Turks' sovereignty over European territory was not theirs by lawful tenure: it was merely a military occupation.

The Turks' feeling of impermanence in Europe is another interesting aspect of the matter which seems not to have as yet been studied in sufficient depth. It is a point that is brought out strongly by the supporters of the Greek cause. The prevailing state of mind was noticed not only by the Greeks who lived at close quarters with their foreign rulers but also by many Western Europeans who had come into contact with the Ottomans, and often considered them "soldiers without a country"[12] "encamped in Europe"[13]. Now the age-old Turkish fears of being driven out were being constantly borne in upon them – fears that were bound up with the eschatological beliefs current in the Ottoman Empire among the subject races as well as their rulers.

The Greeks backed their analysis of the Turkish mentality with some quaint observations which there is no reason to doubt. The Turks, they said, built only shoddy wooden houses for themselves and never bothered to repair roads, bridges or canals. What is more, many of the leading Turkish families were always buried at Scutari, on the Asian shore of the Bosporus opposite Constantinople, because they were afraid their graves and the land on which they lived might one day be taken over by the Christians, who would sooner or later drive them out of the Turkish possessions in Europe[14].

It may be said in passing that this mentality was to alter radically a century later, when Mustafa Kemal, denouncing the militaristic structure and expansionary designs of the Ottoman Empire, proclaimed a policy of peace and economic progress and set about consolidating the Turkish presence in the existing Ottoman territories.[15]

The Turks' lack of interest in the economic development of their Empire was seized upon by the Greeks to point out to the Westerners the economic benefits they would be able to reap in this field by harnessing the energies of their liberated compatriots. Opening for trade and emigration were put forward as incentives to encourage France and Britain to support the Greek cause. It would be in the Western powers 'interests to have a market in Greece for their manufactured goods and for the colonial produce traded in Britain's commodity exchanges, while at the same time the establishment of Western colonies in depopulated areas of Greece would help to relieve their demographic problems. Lastly, in addition to all these arguments, a variety of political and diplomatic schemes, some feasible and some Utopian, were proposed in the foreign-language writings put out by the Greeks[16].

From what has been said so far – and obviously the subjects has not been treated exhaustively – we can see what desperate efforts were made by the Greeks of the diaspora to boost the Philhellenic movement. They were determined to prove that their compatriots were worthy of European attention, that they really wanted to regain their liberty and set up an organised, well-governed state now that their cultural standards had begun to rise. And their ultimate objective in all this was to be accepted on equal terms into the European family, to which they felt they belonged as of right.

It may therefore be of interest to quote a passage from a report written by Muhammad Reshid Pasha, surnamed Kütachi, the Turkish general commanding the siege of the Acropolis in 1826, which shows how he perceived the prevailing mood even at that relatively early date. "The citadel of Athens," he wrote to the Grand Vêzir in Constantinople "is an ancient fortress built on a high and precipitous outcrop of rock. Its defences cannot be breached by sapping, nor can it be taken by storm... Above all, since Athens is a very ancient city which in the past gave birth to many famous philosophers, and since its various ancient structures excite the admiration of educated Europeans, all Europeans and other infidel people regard this citadel as their own home. And since the Europeans and the rest of the infidel people called Christians treat it as a hallowed shrine, they defend it and try to prevent its being taken from the hands of the infidel apostates. Therefore they have all conspired together and have promised to provide succour by land and sea"[17].

So it is clear that, even before the bitter struggle was finally over, the action taken by the little Greek nation had brought about the desired result: it had led to the recognition of the Greeks, in the eyes of friends and foes alike, as members of the family of "enlightened" European nations. And in this achievement Philhellenism had undoubtedly played its part.

Notes

1 Dinos Konomos, *George Tertsetis and his surviving works* Athens, 1984, p. 482 (in Greek). Reprint of a pamphlet entitled: "Speach delivered in the Library of Parliament on 28th March by G. Tertsetis", [1854]. This passage, as well as other extracts of the speech in French translation has been published in *Le Spectateur de l'Orient* 10 (22) May 1854 (cf. p. 214). The same passage has also been included in an article by Sp. Minotto, entitled "Qu'est-ce le Philhellénisme? La définition de Tertsétis" in *Le Messager d'Athènes*, 4 April 1935.
2 Similar thoughts have been put forward by Stephanos Koumanoudis in a speech "On Philhellenism" Published in the per. *Pandora*, v. 17 (april 1866) no 385, p. 7 (in Greek).
3 *Mémoire sur l'état actuel de la civilisation dans la Grèce*, Lu à la Société des Observateurs de l'Homme, le 16 Nivôse, an XI (6 janvier 1803). Par Coray, Docteur en Médecine, et Membre de ladite société [Paris, 1803].
4 See J.M. Berton, *Les Turcs dans la balance politique de l'Europe au 19e siècle, ou Considération sur l'usurpation ottomane et sur l'indépendance de la Grèce...* Paris, 1822. Pages 406-418 have the French translation of the Provisional Constitution of Greece by Korais. According to a letter addressed by Demetrios Schinas to lord Guilford on July 22, 1823 [Ch. Brinsley] Sheridan translated the Provisional Constitution of Greece into English under Schinaj's "supervision" (see L. Droulia, *Philhellénisme*, no 445). I am grateful to Mr Stathis Finopoulos who kindly drew my attention to this letter which belongs to the Guilford Papers in the Kent Record Office, Maidstone – Kent.
5 Adamantios Korais, *Correspondence*, v. 4, Athens, OMED, 1982, p. 284.
6 See Loukia Droulia, The Vindication of the Greek war of Independence in foreign language texts by Greeks in 1821, in the per. *Nea Hestia* (Christmas 1970), p. 286-291 (in Greek). For the pamphlets of the above-mentioned writers, see Loukia Droulia, *Philhellénisme. Ouvrages inspirés par la guerre de l'Indépendance grecque, 1821-1833*, Répertoire bibliographique, Athènes 1974.
7 Jacovaky Rizo Néroulos, *Cours de littérature grecque moderne*, Genève 1827. This book was translated into German, Dutch and Polish, see L. Droulia, *Philhellénisme, op. cit.*, nos 1261, 1342, 1457, 1718. Jacovaky Rizo Néroulos, *Histoire moderne de la Grèce depuis la chute de l'empire d'Orient*, Genève, 1828, see L. Droulia, *op. cit*, nos 1524, 1832 and 1888.
8 Carl Iken, *Leukothea. Eine Sammlung von Briefen eines geborenen Griechen über Staatswesen, Literatur und Dichtkunst des neueren Griechenlands*. Leipzig, 1825, 254 p.
9 *The Literary Gazette and Journal of Belles Lettres*, 11 Sept. 1824, p. 587, cf. Loukia Droulia, The first publication and translation of verses 151-158 of the Hymn by Solomos in *Ho Eranistes* 11 (1975) 1-6 (in Greek)

10 Claude Fauriel, *Chants populaires de la Grèce moderne*, v. 2, Paris, 1825, p. 435-488.
11 On the question of legality and other Greek arguments in support of the Greek cause see Loukia Droulia, *The Vindication ... op. cit.*
12 "Soldats ans patrie", see [A.P.F. Guerrier de Dumast], ΣΑΛΠΙΣΜΑ ΠΟΛΕΜΙΣ-ΤΗΡΙΟΝ. Appel aux Grecs. Traduit du grec moderne d'Atromète, natif de Marathon; avec La proclamation d'Ypsilanti aux Français, Paris, Juillet 1821, p. 5. The author refers to Chateaubriand, *Itinéraire de Paris à Jérusalem*, V. I, Paris 1812, p. 64 where Chateaubriand, speaking about the Turks, notes: "En Turquie, toutes les institutions publiques sont dues à des particuliers; l'Etat ne fait rien pour l'Etat. Ces institutions sont le fruit de l'esprit religieux et non de l'amour de la patrie: car il n'y a point de patrie".
13 "Campés en Europe"; this expression was often used by the supporters of the Greek cause to indicate that the Turkish rule was just a military occupation and not a legitimate situation; cf. the arguments put forward by Henri de Bonald in the "Journal des Débats" (Sept. 1821), in Jean Dimakis, *La guerre de l'Indépendance grecque vue par la presse française*, Thessaloniki, 1968, p. 190; by Konstaninos Polychroniadis in the anonymous pamphlet *Considérations sur la guerre actuelle entre les Grecs et les Turcs*, par un grec Paris, 1821, p. 45 and by Pan. Codrikas in another anonymous pamphlet entitled *Remarques politiques sur la cause des Grecs*, Paris, 1822, p. 53. Nevertheless, Codrikas who was a civil servant in the French Ministry of Foreign Affairs, in an unpublished, memorandum entitled *Tableau synoptique de l'administration turque suivant les principes de la religion mahométane qui en est la base*, presents the Turkish point of view concerning the legality of their conquests, which derived from the Koran, see Jean Dimakis, *P. Codrika et la Question d'Orient sous l'Empire français et la Restauration*, Paris-Montréal, [1986], p. 109-117.
14 Cf. the Memorandum of 1/13 Oct. 1822 submitted by Ignatios, Metropolitan of Ungrovalachia, from Pisa to count Nesselrode, entitled: "Grèce. Causes de la révolution et son état actuel", in Emm. Protopsaltis, *Ignatios, Metropolitan of Ungro-Vlachia, 1766-1828*, v. 2, Athens 1959, p. 328 (in Greek) and Grégoire Palaiologue, *Esquisses des moeurs turques au XIXe siècle ...* Paris, 1827, p. 388.
15 Cf. Cengiz-Osman Aktar, Les intérêts économiques de l'état turc contre les passions guerrières de l'état ottoman. Quelques remarques sur le Congrès économique de Turquie réuni à Izmir en février 1923, in *Actes du IIe Colloque International d'Histoire (Athènes 18-25 septmebre 1983), Economies méditerranéennes, équilibres et intercommunications XIIIe-XIXe siècles*, t. III, Athènes, 1986, p. 97-107.
16 See J. Dimakis, *P. Codrika, op. cit.*, p. 51-57 for the texts of two manuscript memoranda by Codrikas with an analysis of their contents; cf. also L. Droulia, *Philhellénisme*, nos 80, 82, 100. The possible identification of these manuscript memoranda with the printed pamphlets attributed to K. Polychroniadis (L. Droulia, The anonymous "Notice sur l'état actuel de la Turquie [1821] a pamphlet by K. Polychroniadis, *Ho Eranistes* 8 [1970] fasc. 48 Tomos D.S. Ghinis, p. 324-328 [in Greek]) will be discussed in a future paper.
17 Emm. G. Protopsaltis, *Historical Documents on ancient monuments during the years of the Greek War of Independence and of Kapodistrias*, Athens, 1967, p. 32-33 (in Greek); cf. also, by the same author, Philhellenism as a reflection of the Greek civilisation and as an expression of European cooperation, in *Mneme Georghiou A.*

Helen Koukkou

The "Note on Greece" (Note sur la Grèce) by François-René de Chateaubriand

The philhellenism of European writers in recent times was a rule commensurate to the incomparable intellectual contribution of the Greek nation since ancient times. It may not seem surprising though that no other nation on earth had the good fortune to have so many and distinguished friends as the Greek nation. The moral and political influence European Philhellenism exerted on the fates of the Greek nation in the aftermath of its tragedy resulting from the fall of Constantinople by Turks, and all the more so during the war of Liberation of 1821, was immense and inestimable.

As is known, the roots of the European Philhellenic movement date back to the 15th century, that is, immediately after the fall of Constantinople. Nevertheless, it reached its heyday during the times of the Greek revolution. The desperate liberation movement of Greeks against the heathenish conquerors, had a devastating emotional effect upon the liberal intellectual world of Europe. Known personalities of the european scene, distinguished for their democratic and liberal ideas, intellectuals and men of wisdom alike, who drew their inspiration from Greek culture, sided with one another and rallied in support of Greeks in their struggle against the Turks.

The movement of European Philhellenism at the beginning of the 19th century managed to bring together the two conflincting streams then prevalent in Europe: the conservative and the liberal. In the second, there participated personalities who sought to create a new Europe through a string of new liberal, political and constitutional declarations.

The European Philhellenic movement, during the war of liberation of Greeks, presents great differences from country to country and is founded upon motives and causes peculiar in nature. In this brief address I shall refer only to the French Philhellenism and particualrly to François-René de Chateaubriand's contribution to it.

When the Greek revolution broke out, the French government of Louis XVIII assumed a totally indifferent and cautious stance – not to say hostile – against it, considering it as an act of anarchy and dangerous to the balance of peace in this vital geographical region. Prime-Minister Richelieu did not stop Greeks and Philhellenes from travelling to Greece, via Marseille, to stand by the side of the fighting Greeks. He himself however did not like Greeks at all, although the great Greek, Minister of Foreign Affairs of Russia, Ioannis

Kapodistrias, saved the defeated France in 1815 from being splintered into many parts as well as from economic annihilation stemming from the excessive war reparations the victorious powers, notably Austria and England, had sought to impose on it.[1]

At the end of 1822, Viscount François-René de Chateaubriand became Minister of Foreign Affairs of France under the premiership of Joseph Villèle. The pro-government press went on with its anti-Greek policy and dubbed the Greek revolution as dangerous to the stability of Europe. The anti-government press however, and more particularly the liberal newspaper "Constitutionnel", followed later by "Journal des Débats" and the literary "Globe" as well as by some other provincial newspapers, took up a totally different stance from the beginning of the war of liberation of Greeks. Except for the press, however, other renowned men, scholars, writers, poets and politicians contributed, each one in his own personal way, to the gradual dissemination and evolution of the French Philhellenic movement.

He, however, who may justifiably claim a leading role in the creation and culmination of French Philhellenism is Chateaubriand. Deeply conversant with the ancient Greek literature, staunch admirer of the Greek spirit and of the Greek civilization, he showed a willingness to get to know closely the contempory and ruined Greece long held under the yoke of oppression. While he was working out the text of his prose-poem "Martyrs", he took the decision to visit and get to know personally all those historical places mention of which he made in his poem. Greece was the first place in his peregrination which lasted from 1806 to 1807. His famous work "L'itinéraire de Paris à Jérusalem" which was first published in 1811 and was hailed as a European literary event, constituted one of the great positive results of this trip.

The broad circulation of this work, however, and its brief translation to other languages as well, played a decisive positive role to the cause of the enthralled Greeks. In the pages of this work, the erudite lover of Greek antiquity has most admirably and vibrantly linked the grandeur of ancient Greece with the tragic reality of the then contemporary enslaved Hellensim. Chateaubriand, deeply moved by the unspeakable misery of both the people and the monuments of the ere glorious country which had endowed the world with its spirit, wisdom and civilization, sought in the pages of his contemporaries in order that they should embrace the cause of the subjugated Greeks. To remind them of the very existence of this nation to which the civilized mankind owed the birth of its own civilization and to stress the share of responsibility they all bore for its present inconceivable misery. Words of fervent admiration for the Greeks and fits of scorn and disapprobation for the Turkish dynasts fill the pages of his "Itinerary". "A nation, such as the Turkish one, whose social structure has been based on slavery and polygamy, must be pushed back to the steppes of the Mongols", he wrote. The civilized world should assit the Greeks in getting rid of the barbarous conqueror.

When in March 1821 the Greek revolution broke out, Chateaubriand was accredited ambassador of France to Berlin. Quite contrary to what one could have expected from him following his "Itinerary", Chateaubriand struck no positive stance towards the revolution of Greeks. He wrote no page in which to express his support and solidarity for their struggle, made no public statement, did absolutely nothing. In October 1822, he participated as a member of the French delegation in the congress of Verona, which assumed a negative, not to say hostile, stand against the Greeks who had raised the banner of insurrection. Chateaubriand protested not, never raised his voice in support of the desperate war of liberation waged by the people he so admired and whose virtues he had extolled in his "Itinerary". While Chateaubraind played an active part in formulating the government policy of France he retained a strange, almost inexplicable silence as regards the war of liberation of Greece. Up to June 1824 he had expressed no interest in it. A staunch advocate of the principle of legality and of the declarations of the Holy Alliance, he kept himself at a distance and away from any pro-Greek manifestation. The only written phrase, indicative of the fact that he still remembered Greece, was included in a letter of his, dated October 1823, to the French diplomat and politician La Ferronnays, where he wrote: "I would like to live long enough to see the Emperor Alexander (of Russia) accomplish with us (French) four things: the union of the Greek Church with the Latin one, the liberation of Greece, the creation of the Bourbons' monarchy in the New World and the expansion of the frontiers.

This phrase constitutes the sole reference to Greece up to 1824.

A resurgence of Chateaubriand's philhellenism took place as soon as he ceased to be an active member of the French government. In June 1824, Chateaubriand was ousted quite indecorously, from Villèle's government, because he disagreed with its economic policy. Immediately he joined the opposition and started a fierce campaign against Villèle. He actually turned into one of his most bitter enemies. The "Journal des Débats" offered its pages for him to launch his opposition campaign to which many other deputies of the incumbent administration acceded.

At the same time and precisely because of this change, he immediately reappraised his stance towards the embattled Greece. Quite free now from political expediencies and commitments, he wholeheartedly and enthusiastically committed himself to the peaceful struggle of the Philhellenic movement. He enlisted himself as a member of the Paris Philhellenic Committee, where immediately he assumed a leading role. He became the dominant personality in the struggle of the Greeks against the Turks, by putting his dynamic personality, his deep knowledge of things Greek and his rousing enthusiasm in the service of the cause of the Greeks. His concerted and effective activities to this end provided ample demonstration of his willingness to bridge the gap resulting from his 4-year culpable silence and to link his famous "Itinerary" with the revival of his ardent and masterly pen. The things he's going to write from now on, his written appeals to the civilized mankind, shall bear the indelible imprint of authority and glitter which only the powerful and revolutionary written speech of Chateaubriand could possibly render. The pages of "Journal des Débats" provide a hospitable place for his ever fiery articles in support of the cause of the subjugated Greeks, while his speeches in the House of Representatives electrify his audience.

However, supreme in the pinnacle of his achievements in favour of the fighting Greeks shall remain his famous publication titled "Note on Greece", first published in 1825 and republished in five consecutive editions during the same year and translated at the same time into three other languages.[2]

The erudite Greek professor, Academician and former President of the Republic of Greece Constantine Tsatsos characteristically writes: "The personal contribution of Chateaubriand to the cause of the fighting Greeks can be considered as being tantamount to the contribution all the other Greek Philhellenes put together. His texts do not reflect his personal feelings or the romantic poet who pours out his lament over the misery of Greeks. They show us the enlightened political man who advances the most remarkable and powerful arguments on the problem of Greece fighting for its liberation".[3] Some characteristic excerpts fron the "Note on Greece" are worth noting here:

"The latest events in the insurgent Greece[4] have attracted anew the attention of Europe to this unfortunate country ... Will our century watch hordes of savages (Egyptians and Turks alike) extinguish civilization at its rebirth on the tomb of a people who civilized the world? Will Christendom calmly allow Turks to slaughter Christians? And will the legitimate states of Europe shamelessly permit their sacred name to be given to a tyranny which could have reddend the Tiber? ..."

Further he wrote: the sole purpose of the Note on Greece is to draw the attention of the public to the Greeks' war of Independence, which should come to an end. To put forward certain views which would prove that "there was nothing simpler and easier to be achieved than the liberation of Greece". And lastly to stir up the will of the powerful in accomplishing this end.

By using strong, historical, legally grounded and diplomatic arguments he sought to reverse and reshape all the opinion and fears expressed by European politicians, who supported the view that they should desist from helping

Greece in its struggle for liberation "because the Sultan is the legal sovereign of the Greeks" and that the intervention of the European states could trigger off political complications. The legal subjects of Mohammed the Conqueror's heir are only the Mohammedans, he wrote. "The Greeks, being Christians, are neither his lawful nor his unlawful subjects. They are slaves ... born to die under the sword of the Muslims, that is, the faithful subjects of the Sultan. The Turks never wanted to merge the Greek nation with their own. "Consequently, the latter is bound by no agreement, linking the subjects to the rulers and the rulers to the subjects". "But it was after they had hanged its priests and consecrated its temples, after they had slaughtered, burned and drowned thousands of Greeks, after they had driven their women to prostitution, after they had taken their children and sold them as expendable commodities in the slave markets, that the hearts of so many miserable Greeks began to beat fast in their bosoms crying for freedom. Those helots having been thrown to the fetters of slavery began to defend themselves by shaking off the chains of their bondage. The Greek who never before was a subject of the Sultan according to the civil law, became now a free man under the natural law and broke the chains of slavery without turning into a rebel, without violating any legal bond, since there was no bond agreed upon between him and the Sultan ..." and he continued:

"The detachment of Greek territories from Turkey would in no way bring an end to her power. We can safely assume that Turkey would acquire more strength if she were to limit and concentrate herself territorially by becoming a muslim state altogether and if she got rid of the Christian populations bordering on Chrstian states, whom she would be forced to guard against and keep a close watch on in the same way as men guard against and watch over their enemies. Politicians of the "Sublime Porte" maintain that the Ottoman state will retain all its vigour if it is territorially confined to Asia. And they may be right".

Chateaubriand entertained the fears of some European politicians, who had expressed the view that the creation of a democratic state east of Europe would involve great risks for this region by advancing the following arguments in his Note on Greece: "So far no european power has come to the succour of the fighting Greeks lest other more direct interests should be harmed. Consequently, the Greeks shall either have to take the cause of their freedom in their own hands or they shall be buried under its ruins. In this respect, Greeks are undoubtedly entitled to choose their own form of political existence. Only he would have claimed the right to be a part of their lawmaking process, who had participated in their risks and struggle. The rulers of nations are nowadays well versed in law ... so as not to allow the independence and autonomy of a nation that shed its precious blood for them to be hampered ...".

The opinion expressed by some politicians seeking to force Turkey to cede to Greece the kind of political existence she ceded to Moldavia and Vlachia was dismissed by Chateaubriand. Two years before, that is in 1823, possibly such a solution could have been debatable, not to say beneficial. In 1825, however, it could not have been accepted or even discussed. "The Greek revolution is well advanced. The Greeks have reached the point of either expelling the Turks or being wiped out by them. A stable, brave and unselfish European policy can stop all the slaughters, give a new nation to the world, restore Greece to mankind ... A purely political problem which would have ceased to be a problem if some hadn't shrouded it in clouds, can be solved with only a few words ..."

Further in his Note on Greece, Chateaubriand poses some very hot questions to all the civilized countries of Europe and provides clear – cut answers to them:

"Are Greeks to be considered defectors and agitators? Not at all.

"Are they setting up a state with which we can cooperate? Definitely yes.

"Do they possess the required social and political properties prescribed by international law, so as to be recognized by all the other states? Certainly yes.

"Can we free them without causing havoc to the world and without breeding the seeds of discord amongst us, without taking arms in our hands and even without putting in jeopardy the very existence of the Turkish nation? Yes.

"This can be achieved only in a space of three months by issuing a letter-document to be signed by the great European powers ... We are willing to sign such diplomatic documents with our own blood.

"What is more, if we are to tackle the cause of Greece with legal precision and depth there will not be need for all the European powers to reach an agreement on the matter of the liberation of Greeks. Even if one power comes to recognize their autonomy and independence, it shall have accomplished their freedom without upsetting the harmony co-operation and peaceful relations with the other countries ..."

Chateaubriand's document in favour of the fighting Greeks considered to be sensational at the time it was written, ends up with the following conclusive phrases:

"Greece is heroically reborn from her ashes. To secure and safeguard her own triumph, she does not need but a favourable glance from the Christian rulers of Europe. No one will dare to accuse her for being coward the way some accuse her of being treacherous. The stories of French soldiers, who know what bravery is (those of them who fought in Greece as volunteers), are full of praise for the battles of the Greeks. Whoever reads these stories is bound to admit that the men who inhabit Greece are worthy of treading this glorious soil. The Canarises and the Miaoulises would have been proclaimed true Greeks in the battles of Mycali and Salamis..."

At this point, Chateaubriand, addressing his country France, makes a brave plea:

"France, the first-born daughter of Greece as to bravery, intelligence and arts, would exceedingly rejoice in seeing this noble and unfortunate country go free. She should start a crusade with faith and enthusiasm in favour of Greece. If philanthropy is to raise its voice for the whole mankind, if the world of sages and politicians ardently wish to see the rebirth of Greece, the mother of sciences and laws, then the Church should have to require that its temples and holy shrines be erected in the city of Athens, where the Apostle Paul preached to the unknown God.

"What glory the restored lawful monarchy in France would bring upon itself, if it were to link its era with the event of the liberation of a country of so many glorious men..."

Addressing a plea to individual persons he wrote:

"All we private citizens, let us redouble our efforts to bring prosperity to the Greeks. Let us raise a voice of protest in their favour for all the world to hear. Let us take their exiled children into our homes, in repay of the hospitality they extended to us on the ruins of their country."

Lastly he made an appeal to the "brave and bright youth of France who did not hesitate to even put a tax on their amusement in order to help the fighting Greeks". Chateaubriand extends to them special thanks for their sacrifices.

He concluded his Note on Greece with the following enthusiastic phrase and admonition:

"Lastly, whichever may finally be the policy decisions adopted by the states, the fact remain that the Greeks' war of Independence has become a common cause for all nations. The immortal names of Sparta and Athens seem to have moved the entire world. In all European states, there have been set up societies with the help of the fighting Greeks. Their misfortunes and their bravery have set the hearts of all bent on freeing them. Wishes and contributions keep flooding in from the shores of India and the remotest parts of the deserts of America. These expressions of gratitude of all mankind towards the Greeks bear their seal upon the glory of Greece."

After the "Note on Greece" had been published and widely circulated, Chateaubriand continued with the same zeal and enthusiasm his battles in support of the fighting Greeks in such forums as the French Parliament, the Senate, the French Academy of which he had been one of the most celebrated members since 1811. He did battle with the contradictory and often anti-

Greek policy of the Villèle government in the French Parliament by putting forward powerful arguments. In March 1826 at the French Senate during discussions held on a bill on curbing the crime incidence at the ports of the East, Chateaubriand brought up the hot issue of the captivity and the selling of women and children coming from Greece. The French law although it provided for the punishment and prosecution of those who engaged in the trade of blacks, had made no provision for those who engaged in the white slave trade: "... women, children and old people are being carried aboard ships belonging to civilized countries to be sold as slaves in the various slave markets of Asia and Africa. These children, these women, these old people were born in Greece, the mother of civilization ...", wrote Chateaubriand.

A few years after he had written and widely circulated his "Note on Greece", a work which shocked the states of Europe, Chateaubriand himself summarized the main points he had in mind when writing his Note.

"I proposed that the five Big Powers of Europe address a joint Note to Turkey by which to ask her categorically and peremptorily to refrain from any hostilities against the Greeks. In the event of their refusal, the Great Powers would state that they recognize the independence of the Greek Government and that they would accept its diplomatic representatives."

Chateaubriand's "Note on Greece" was turned down in 1825 by Metternich for Austria and by Canning for England. At that time the Note ostensibly brought no positive result for Greece. The destructive war for Greeks was still raging.

Whereas the important decision-making centres of Europe displayed no change of attitude as regards the struggle of Greece, the world of letters and the public opinion of Europe were shocked. The various philhellenic commitees, members of which were famous personalities of the sciences, the letters and the arts, were activated to a great extent, while the public opinion, the anonymous citizens of European states participated with enthusiasm in every event staged to help the cause of the Greeks.

Chateaubriand's "Note of Greece" together with all other peaceful events were highly instrumental in preparing the ground for the final positive solution of the Greek drama.

In the spring of 1826, Greek diplomat Ioannis Kapodistrias being in Paris at the time met with Chateaubriand at the reception halls of the castle of the Duke and Duchess de Duras in Saint Germain-en Laye, where he was the official guest of honour. Many personalities of the Parisian aristocracy, the diplomatic Corps, the world of letters and arts were also invited. Kapodistrias and his freedom-fighting country became the main topic of discussion. Kapodistrias praised the work of Chateaubriand and especially the part of it that made reference to Greece and its struggle and which revealed "un si beau talent de lettré raffiné".[5]

The protocol of Petersburg of April 4th, 1826 made reference, in broad outline, to the recommendations contained in Chateaubriand's Note on Greece. Religion and humanism made it imperative for the European states not to abandon the Greeks to the barbarity of the Turks.

The great European states though, were to get a clear picture of the problem called Greece fighting for her freedom only in 1827 when the Turks recaptured Athens.

In July 6th, 1827, there was to be signed in London by the three European powers, that is, England, France and Russia, the treaty of London which officially recognized the liberation of Greece and the ceasefire of hostilities, although it contained provisions unfavourable to Greece. In broad outline, the decisions adopted in the treaty identified with the views expressed by Chateaubriand already since 1825 in his Note on Greece. The proposed solution of the Greek problem put forward in the text of the treaty by the three Powers was in essence no different than that proposed by Chateaubriand.

The events of the naval battle in the bay of Navarino, of October 8th, 1827, did justice to the positions expressed by Chateaubriand in his Note.

"Turkey knew not of the language of negotiations, as was stated so many times in the various congresses of Europe by the then Foreign Minister of Russia Ioannis Kapodistrias who subsequently became the first governor of the newly liberated Greek state. As soon as the cannons of the allied fleet of the three Protective Powers sounded in the bay of Navarino in the Peloponnese and the Turkish fleet was sunk, Turkey gave in and accepted the ceasefire of the devastating war she had waged against the Greeks." Only by the power of arms – against Turkey – can we bring peace to Anatolia "Kapodostrias had prophetically told Tsar Alexander as early as 1821, when the Greek revolution broke out".

Chateaubriand was the first established and celebrated traveller who visited Greece and wrote so much about it in his widely acclaimed "Itinéraire" in 1802. But most important, he was the first who did not stop short, struck in awe, before the ancient ruins, but he kept on fighting passionately and effectively for contemporary Greece and its independence. "As for me, whatever may happen, I will die a Greek" he epigrammaticaly wrote in June 14th, 1826, in a letter of his published in the "Journal des Débats".

Chateaubriand's philhellenic work was widely circulated in consecutive French editions and in translations to other european countries, as referrred to hereunder:

Chateaubriand, par M. le Vicomte de, Membre de la Société en faveur des Grecs, Note sur la Grèce, Paris, Le Normant père, Libraire 1825, in 8°, VI-48p.

Ibid. Nouvelle édition augmentée d'un avant-propos, Paris, Le Normant père 1825, in 8°, VI-120 p.

Ibid. in 8°, 130 p., Paris 1826.

Chateaubriand, del sig. viscomte di, membro della Societá in favore dei Greci; Nota sulla Grecia, Italia 1825

Chateaubriand, por el Vte de, Escrito sobre la Grecia, traducido al Castellano, Paris F. Rosa 1825, in 12°, 33 p.

Ibid. (Sine date), Paris impr. de A. Coniam, in 16°, 28 p.

Chateaubriand, vom Vte von, Note über Griechenland, Paris gedruckt bei F. Didot, 1825, in 8°, 18 p.

Chateaubriand, by the Viscount de, member of a Society in favour of the Greeks, Note on Greece, translated from the French language, Paris, printed by F. Didot, AΩKE' (1825) Re-edited in Greek along with the work by M. Bignon "The Privy-Councils and the peoples, from 1815 up to the present day ... translated from French together with the Chateaubriand's Note on Greece by N. Spiliades, 1826.

The translation of 1826 was published anew by the Society of Macedonian Studies, Thessaloniki 1962 and by the Historical and Ethnological Society of Greece, Athens 1968.

Notes

1 Vid. Eleni Koukkos, Ioannis Kapodistrias, The man – The diplomat, Athens 1984, 2nd edition, page 62 et seq., and related bibliography.
2 Mention of the editions and translations of above work is made at the end of present study.
3 Const. Tsatsos, La lutte de Chateaubriand pour la Grèce. "Néa Estia", v. 84, issue 995, December 1968, page 17.
4 He means the invasion of the Peloponnese by the Egyptian army led by Ibrahim Pasha.
5 Lysimaque Oeconomos, Essai sur la vie du Comte Capodistrias, depuis son départ de Russie, en août 1822, jusqu'à son arrivée en Grèce, en janvier 1828. Toulouse-Paris 1926, p. 16 et seque – Gr. Daphni, Ioannis A. Capodistrias, the birth of the Greek state, Athens 1976, 431 et seq. – Eleni Koukkos, Ioannis Capodistrias, The man – the diplomat, 2nd edition, Athens 1984, 171 et seq..

Lambros Mygdalis

Der Philhellenismus in Deutschland

Der Philhellenismus im allgemeinen und der deutsche im besonderen ist meines Wissens, abgesehen von wenigen Ausnahmen, nur als ein geschichtlicher Vorgang der damaligen kultivierten Welt untersucht worden. Man hat nämlich nach den Spuren jedes Philhellenen gesucht, nach dessen Biographie und Werken geforscht und sie geistesgeschichtlich dargestellt, so daß wir heute, wenn nicht von allen, doch von den meisten von ihnen, alles wichtige Biographische und ihre Werke Betreffende nachschlagen können. Diese Forschung war aber einseitig, denn sie hat oft das Wichtigste übergangen, nämlich auf die Werke der Philhellenen einzugehen und zu versuchen, sie zu interpretieren. Daraus hätte man dann auch das Leben und die Dichtung jedes einzelnen von ihnen dem zeitgenössischen Griechentum gegenüber besser verstehen lernen können. Diese Art der Forschung über den Philhellenismus ist sicherlich dadurch zustandegekommen, daß die betreffenden Forscher aus dem Fach der Geschichte und nicht aus demjenigen der Philologie stammten.

Dem Wort "$\phi\iota\lambda\acute{\epsilon}\lambda\lambda\eta\nu$" begegnen wir schon bei Herodot II, 178, 1. Dieses Wort und sein Gegenteil "$\mu\iota\sigma\acute{\epsilon}\lambda\lambda\eta\nu$" wurden auch von anderen antiken Schriftstellern so oft gebraucht, daß das Wort "$\phi\iota\lambda\acute{\epsilon}\lambda\lambda\eta\nu$" im Laufe der Zeit verschiedene Bedeutungsschattierungen wie z.B. Griechenfreund, griechischer Patriot oder Gönner der Griechen erhalten hatte. Seit Erasmus (1467-1536), Reuchlin (1455-1522) und Melanchthon (1497-1560) haben die Gebildeten Deutschlands bei ihren literarischen Interessen die Griechen niemals aus dem Auge verloren. Von der Epoche des Humanismus an wurden Reisen nach Griechenland zu antiquarisch-philologischen Zwecken relativ häufig. Einer der ersten Hellasfahrer (1490) war der böhmische Humanist Bohuslaw von Lobkowitz (1462-1510). Die Universität Tübingen sandte den jungen Stephan Gerlach (1546-1612) nach Konstantinopel, um sich über die griechischen Verhältnisse zu orientieren. Den modernen Sinn dieses Wortes "$\phi\iota\lambda\acute{\epsilon}\lambda\lambda\eta\nu$" findet man zum erstenmal bei Martin Crusius (1525-1607), der sich selbst "$\phi\iota\lambda\epsilon\lambda\lambda\eta\nu\acute{\epsilon}\ \alpha\sigma\tau\alpha\tau\sigma\varsigma$" und "$\chi\rho\iota\sigma\tau\iota\alpha\nu\acute{o}\varsigma\ \phi\iota\lambda\acute{\epsilon}\lambda\lambda\eta\nu$" genannt hatte.

Der Philhellenismus der ersten Periode bei Martin Crusius und Stephan Gerlach und im nächsten Jahrhundert bei Johann Wülfer (1651-1724) und Ulrich Magerle, genannt Abraham a Santa Clara (1644-1709) mit dem "Auf, auf, Ihr Christen!" u.a. entsprang aus deren Liebe für die zeitgenössischen Griechen als Mitchristen, die sie unterstützen wollten, damit sie von der türkischen Herrschaft befreit werden könnten. Sehr bezeichnend sind die Worte gegen die Türken, die Martin Luther in seiner "Heerpredigt" unter anderem schreibt: "Zum anderen, lehret der Türken Alkoran oder Glaube, nicht allein den Christlichen Glauben verstören, sondern auch das ganze weltliche Regiment. Denn sein Mahomet befiehlt mit dem Schwerdte zu walten, und ist das meiste und fürnehmste Werk in seinem Alkoran das Schwerdt". Zur gleichen Zeit vertrat John Milton (1608-1674) in Englang den englischen Philhellenismus.

Der Ausgangspunkt der zweiten Periode des Philhellenismus war der Wunsch und die Sehnsucht der deutschen Gelehrten, die bildenden Künste, die Dichtung und die gesamte Kultur der Altgriechen kennenzulernen. Diese Liebe zur griechischen Kultur im allgemeinen zeigte sich zuerst in Übersetzungen und der Interpretation altgriechischer Werke, deren Ideen und Ansichten später in die eigene Dichtung eingeflochten und eingearbeitet erscheinen. "φιλέλλην" bedeutet jetzt Freund der antiken griechischen Kultur. Den Zusammenhang dieser Liebe und der inneren geistigen Beziehung zwischen dem Altgriechentum und dem modernen Deutschland bezeichnet Walter Rehm sehr treffend folgendermassen: "Der Glaube an Griechisches ist im letzten nur ein Gleichnis für den Glauben an das Hoch- und Rein-Menschliche und darum auch für den Glauben an das Deutsche. Über das Griechische gelangen wir zu uns selber"[1]. Dieser Geistesentwicklung der deutschen Dichter und dem Heranreifen ihrer Dichtung muß man gründlich nachgehen und aus dieser Einsicht heraus die ganze Strömung des deutschen Philhellenismus behandeln. In eine solche gründliche Untersuchung müssen auch diejenigen Schriften mit einbezogen werden, die sich gegen das Altgriechentum und seine Gesinnung gewandt haben. Diesbezüglich bemerkt Konrad Burdach folgendes: "Das altertum kann uns in wahrheit heute nicht mehr die ideale welt voll göttlicher, fleckenloser schönheit sein, wo allein die sonne golden scheint, und allein alle menschliche unvollkommenheit und bedürftigkeit aufgelöst ist in reine harmonie"[2].

Die Entstehung des eigentlichen Philhellenismus, folglich auch des deutschen, beginnt mit dem ersten Befreiungsaufstand der Griechen gegen die Türken im Jahr 1770, der durch die Unterstützung der Kaiserin Katharina II. aus Rußland entstanden war. Sie ließ mitten im Kampf mit der Pforte durch Feodor Orlow die Moreoten zum Aufstand aufrufen, um das berühmte "griechische Projekt" zu verwirklichen. Die Russen vernichteten bei Tschesme die türkische Flotte, aber zu Land siegten die Türken. Die Friedensschlüsse von 1774 und 1792 brachten zwar den Griechen nur geringe und illusorische Vorteile, aber der Druck wuchs. Der Philhellenismus dieser dritten Periode wird insofern realistischer und konkreter, als er sich auf das moderne und zeitgenössische Griechenland bezieht. Es ist die Zeit des Neuhumanismus, dessen wichtigste Vertreter Johann Joachim Winckelmann,

Gotthold Ephraim Lessing, Johann Gottfried Herder, Friedrich Schiller, Johann Wolfgang Goethe und Friedrich Hölderlin waren. In England haben Lord Byron (1788-1824) und Percy Shelley (1792-1822) und in Frankreich François-René Vicomte de Chateaubriand (1768-1848), Alphonse de Lamartine (1790-1869) und Victor Hugo (1802-1885) den Gedanken der Befreiung und der Wiedergeburt Griechenlands vertreten. Das erste deutsche Werk, das direkt von dem Aufstand dieses Jahres 1770 inspiriert wurde, ist der Roman "Ardinghello oder die glückseligen Inseln" (1787) von Wilhelm Heinse (1746-1803). Der Schauplatz dieses Romans sind die griechischen Inseln des Archipelagus, wo der Held Ardinghello von einer Befreiung dieser schönen Stätten spricht und die Griechen dazu auffordert, gegen die Türken aufzustehen. In dem zweiten Roman dieser Periode, dem "Hyperion oder der Eremit in Griechenland" (1797-1799) von Friedrich Hölderlin (1770-1843), ist nicht nur der Schauplatz Griechenland, sondern auch der Held des Romans ist ein Neugrieche, der am Freiheitskampf seines Landes gegen die Türken teilgenommen hat. Ein dritter Roman ist der "Phaethon" von Wilhelm Waiblinger (1804-1830), der chronologisch eigentlich zu der nächsten Entwicklungsphase des deutschen Philhellenismus gehört, aber inhaltlich sich dem Roman "Hyperion oder der Eremit in Griechenland" nähert. Der Schauplatz dieses Romans ist wiederum Griechenland. Der Held ist zwar kein Grieche, wird jedoch im Laufe der Handlung des Romans zu einem Griechen und kämpft wie Hyperion für die Freiheit des griechischen Volkes gegen die Türken[3]. Die Entwicklung des deutschen Philhellenismus in dieser Zeit ist historisch bedingt und entspricht mehr oder weniger der Wirklichkeit des Aufstandes der Griechen im Jahr 1770. Vieles ist entweder von dem deutschen Dichter selbst erdacht oder von verschiedenen Reiseberichten oder Ereignissen in Griechenland beeinflußt worden. Mit dem Freiheitskampf Griechenlands haben sich außer den Dichtern auch Bildhauer und Maler befaßt, die in ihren Werken verschiedene Kämpfer oder Schlachten der Griechen gegen die Türken abgebildet haben. Einige davon sind die Deutschen Ary Scheffer (1795-1858), Carl Rottman (1797-1850), Peter von Hess (1792-1871) und Karl Krazeisen (1794-1878) und die Franzosen Jean-Louis Théodore Géricaut (1791-1824) und Eugéne Delacroix (1798-1863)[4].

Die vierte und wichtigste Entwicklungsphase des deutschen Philhellenismus fußt auf der griechischen Revolution im Jahr 1821 und auf der darauf folgenden Befreiung Griechenlands aus der 400-jährigen Herrschaft der Türken. Das Interesse der deutschen Dichter und Künstler für diese Revolution in Griechenland entsprang sowohl aus den oben schon erwähnten Gründen und noch dazu aus deren Beschäftigung mit der neugriechischen Literatur, im besonderen aber mit den neugriechischen Liedern. Herder betrachtete als erster in Deutschland die griechische Poesie unter dem

65

Gesichtspunkt nicht einer höchst bewußten Kunstübung, sondern einer Naturdichtung und entrückte sie dadurch dem Bereich des schlechthin Musterhaften und überall Tonangebenden. Auch auf dem Gebiet der bildenden Künste herrschte die gleiche Ansicht. Die meisten Anregungen sowohl für den begonnenen Freiheitskampf der Griechen als auch für den daraufhin entstandenen internationalen Philhellenismus kamen von dem Dichter Rigas Velestinlis (1757-1798) durch seine "Kriegshymne", dem Schriftsteller Adamantios Korais (1748-1833)[5] durch seine Werke und Lord Byron durch seine Dichtung und seine Anwesenheit mitten im Kampf der Griechen in Mesolongi. Goethe war bei aller Begeisterung für das neugriechische Volkslied, das Lied der Klephten, dessen Verständnis Herder angebahnt hatte, und das er selber ins Deutsche übersetzte, in seiner Stellungnahme zur Griechenbewegung seiner Zeit, auch zu der Byronischen Teilnahme zurückhaltend. Wohl hat er dem toten Byron von tiefem Schmerz bewegte Worte nachgerufen, wenn ihm auch zeitweilig das nicht ganz Reine seines Unternehmens, das Exzessive unsympathisch gewesen ist. Und manchen Reisenden gegenüber, die ihm aus Griechenland berichteten, wie etwa Stackelberg und Bröndstedt, konnte er nicht verhelfen, daß die Türken doch die Ordnung gegenüber dem anarchischen Hang der Griechen darstellen. Goethe war jedoch derjenige, der zu der Bekanntschaft und seiner Beschäftigung mit neugriechischen Liedern von Werner von Haxthausen (1780-1842) angeregt wurde. Dieser hatte während seines Aufenthaltes als Diplomat in Griechenland verschiedene neugriechische Lieder gesammelt, ist aber leider auf den Vorschlag Goethes, diese Lieder sofort ins Deutsche zu übersetzen und zu veröffentlichen, nicht rechtzeitig eingegangen. Auf diese Weise wurden die "Chants populaires de la Grèce moderne" von Claude Fauriel, Paris 1824-1825, früher veröffentlicht als die Übersetzungen Werner von Haxthausens[6], von denen Goethe schon im Sommer 1815 wußte; er hatte ihm damals vorgeschlagen, daß er den Prolog für seine baldige deutsche Übersetzung schreiben würde. In der Folge hat Goethe auch Fauriels Werk über die neugriechischen Lieder als Quelle für seine weitere Beschäftigung mit diesen verwendet. Er hat sie in seinem Werk "Über Kunst und Altertum" zum Teil übersetzt und veröffentlicht.

Ein anderer wichtiger Anlaß für den Philhellenismus dieser vierten Entwicklungsphase war die Vorbereitung und der Ausbruch der griechischen Revolution im Jahr 1821 und die darauf bezogenen Artikel über den Freiheitskampf der Griechen in vielen Zeitschriften, Zeitungen und sogenannten Taschenbüchern (wie z.B. Morgenblatt für gebildete Stände, Der Gesellschafter für Geist und Herz, Abendzeitung, Allgemeine Zeitung, Mainzer Zeitung, Taschenbuch für Freunde und Geschichte des griechischen Volkes älterer und neuerer Zeit u.a.). Es wurden die Heilige Allianz und verschiedene andere Burschenschaften und Komitees in Deutschland (München [F.W. Thiersch], Stuttgart [A. Schott], Tübingen, Dresden, Hamburg, Heidelberg [J.H. Voß], Frankfurt a.M., Düsseldorf, Berlin [Ritschl, Niebuhr], Leipzig [W.T. Krug] u.a.) gegründet, deren besonderer Zweck es war, den Freiheitskampf der Griechen auf jede Weise – materiell und geistig – zu unterstützen. Schon am 1. August 1821 erließ Professor Wilhelm Krug den ersten Aufruf zur Bildung von Hilfsvereinen und Sammelstellen für den Freiheitskampf der Griechen. Sehr bezeichnend sind auch dafür die Worte eines Zettels in den Hamburger Straßen mit der Überschrift "Aufruf an Deutsche Jünglinge" im August desselben Jahres: "Der Kampf für Religion, Leben und Freyheit ruft uns zu den Waffen! Menschlichkeit und Pflicht fordern uns auf, unseren christlichen Brüdern, den braven Griechen zu Hülfe zu eilen, unser Blut, unser Leben für die heilige Sache zu wagen!/Die Herrschaft der Muselmänner in Europa naht sich seinem Ende; frey muß Europa's schönstes Land, frey muß Griechenland von den Unmenschen werden! Laßt auch uns mit unseren Kräften dazu beytragen! Greift zu den Waffen, brave deutsche Jugend, laßt uns eine griechische-deutsche Legion bilden, und bald unseren Brüdern Beystand bringen! Gediente und erfahrene Officiere sind bereit, uns anzuführen! – Gott wird mit uns seyn, denn es ist eine heilige, – der Menschheit Sache – es ist der Kampf für Religion, Leben und Freyheit, der Kampf gegen Unmenschen! Unser Unternehmen wird der Allmächtige begünstigen! Siegreich und mit Ruhm gekrönt werden wir dann, gesegnet von unseren griechischen Brüdern und der ganzen Christenheit mit dem herrlichen Bewußtseyn für Religion und Freyheit gefochten und die Sclaven-Ketten von Millionen unserer Brüder zerbrochen zu haben, unser deutsches Vaterland wiedersehen./Theilnehmer melden sich unverzüglich Große Bäckerstr. Nr. 62, wo sie das Nähere erfahren können. Deserteurs werden nicht angenommen./Ein Verein wird Beyträge zur Unterstützung dieses für die Menschheit heiligen Unternehmens sammeln und verwenden."[7] Die Bildung einer Fremdenlegion verlangte auch Friedrich Thiersch am 18. August 1821 wie schon früher Freiherr von Dalberg und Gagern in der Tribüne einer süddeutschen Kammer. Lieder wurden komponiert, Kupferstiche veröffentlicht, Konzerte gegeben und vor allem Bücher gedruckt. Und alles das für den Freiheitskampf der Griechen. Zahllos waren die freiwilligen Kämpfer für Hellas.

Wilhelm Traugott Krug (1770-1842), Philosophieprofessor und Kants Nachfolger in Königsberg, war der erste deutsche Gelehrte, der sich öffentlich für den Freiheitskampf der Griechen eingesetzt hatte. Daraufhin schrieb er in dem Vorwort seines Werkes "Griechenlands Wiedergeburt, ein Osterprogramm zum Auferstehungsfest" (1821) folgendes: "Dieses schöne Fest soll uns nicht bloß an Vergangenes erinnern; es soll uns auch mahnen, daß wir stets eingedenk seien unsrer höhern Abkunft und Bestimmung, daß wir unser Herz erfüllen mit den Ideen von dem, was ewig wahr und gut und schön, daß wir uns nicht nur selbst erheben von der Finsternis zum Lichte und von der Knechtschaft zur Freiheit, sondern auch theilnehmend freuen, wenn wir gewahren, daß Andre sich so erheben". Außer den verschiedenen Artikeln über Griechenland in der Allgemeinen Zeitung hat er auch die Werke "Letztes Wort über die Griechische Sache" (1821) und "Neuester Stand der Griechischen Sache" (1822) geschrieben. Ein anderer philhellenischer Gelehrter war der Philologe und Pädagoge, Universitätsprofessor in München, Friedrich Wilhelm Thiersch (1784-1860). Er war im Jahr 1821 an die Spitze des Münchener Griechenvereins getreten, führte eine ausführliche Korrespondenz mit Adamantios Korais (1813) und Johannes Kapodistrias (1814) und war einer der bekanntesten Namen in Griechenland. Er ist wohl der erste deutsche Gelehrte, der den glücklichen Versuch machte, neugriechische Literatur und Kultur wissenschaftlicher Behandlung zu unterziehen. Seine mannigfaltigen Verbindungen in Neugriechenland ermöglichten es ihm, 1831 und 1832 an Ort und Stelle selbst sich für die Wahl des jungen Otto einzusetzen. Schon im Jahr 1830 war er gegen Philipp Fallmerayer in der Allgemeinen Zeitung mit einer Artikelserie losgezogen auf Wunsch des bayerischen Königs Ludwig I., der ihm sehr gewogen war (fünf Artikel mit dem Titel "Von der Isar"). Über den Freiheitskampf Griechenlands hat er noch folgende Werke geschrieben: "De l'état actuel de la Grèce et les moyens d'arriver 'à sa restauration" (1833) und "Apologie eines Philhellenen" (1846). Über die Befreiung Griechenlands haben auch Karl Iken (1789-1841) und Karl Theodor Kind (1799-1868) manches geschrieben, wie z.B. "Hellenion. Über Cultur, Geschichte und Literatur der Neugriechen" (1822), "Leukothea, eine Sammlung von Briefen eines geborenen Griechen über Staatswesen, Literatur und Dichtkunst des neuen Griechenlands" (1825, 2 Bde) von Karl Iken und "Eunomia. Darstellungen und Fragmente neugriechischer Poesie und Prosa" (1827, 3 Bde) gesammelt von Karl Iken und Karl Theodor Kind. Karl Theodor Kind hat auch Gedichte und andere Abhandlungen über Griechenland geschrieben wie z.B. "Beiträge zur besseren Kenntnis des neuen Griechenlands" (1828).

Philhellenische Gedichte stammen von folgenden Dichtern: Josef Christian Freiherr von Zedlitz (1790-1862. "Das Kreuz im Hellas"), Adalbert von Chamisso (1781-1831. "Chios"), Leopold Schefer (1784-1862. "Abschied von Griechenland"), Heinrich Stieglitz (1801-1849) und Ernst Grosse (1802-1832. "Gedichte zum besten der Griechen"), Friedrich Heinrich de la Motte Fouqué (1777-1843. "Missolunghi"), Friederike Brun, geborene Münter (1765-1845. "Chorgesang der Freunde Hellas"), Luise Brachmann (1777-1822. "Griechenland"), Amalie von Helvig, geborene Freiin von Imhoff (1776-1831. "Zuruf an Griechenland") und von vielen anderen. Die meisten dieser Gedichte schließen sich an verschiedene Ereignisse in Griechenland während der Freiheitskämpfe der Griechen an, deren Siege die deutschen Dichter und Künstler durch die Berichte in den Zeitungen erfuhren und die davon inspiriert wurden. Der führende Dichter der damaligen Zeit, der einige der besten deutschen Gedichte über den Freiheitskampf Griechenlands geschrieben und den meisten Einfluß auf die folgende deutsche philhellenische Kunst ausgeübt hatte, war Wilhelm Müller (1794-1827). Einige seiner "Lieder der Griechen" wurden schon im ersten Jahr der griechischen Revolution 1821 veröffentlicht. Obwohl Müller niemals in Griechenland war, ist es ihm gelungen, die verschiedenen griechischen Personen so erzählen zu lassen, daß man den Eindruck hat, er selbst habe alles erlebt. In diesen Liedern werden die Sitten und Gebräuche, das Leiden, die Hoffnungen und die Kämpfe der Griechen geschildert. Außer diesen Gedichten hat Müller, beeinflußt von Claude Fauriels Werk "Chants populaires de la Grèce moderne", die Sammlung "Kleine Liebesreime aus den Inseln des Archipelagus" geschrieben und dieses bedeutende Werk Fauriels ins Deutsche übersetzt und mit Ergänzungen versehen. "Lieder der Griechen" hat auch Wilhelm Waiblinger geschrieben, die aber, ohne besondere Beziehung zu Griechenland, mit denjenigen Müllers weder äußerlich noch inhaltlich etwas zu tun haben. Nachwirkung von Lord Byrons Dichtung findet man in den "Vier Erzählungen aus der Geschichte des jetzigen Griechenlands" von Wilhelm Waiblinger. Von der griechischen Revolution im Jahr 1821 wurden auch viele andere deutsche Dichter inspiriert, die Dramen, Romane oder Erzählungen geschrieben haben, die sich auf griechischem Boden abspielen wie z.B. "Die Befreiung Griechenlands" von Karl Sondershausen (1792-1882), "Hellas und Helianor" von Julie Baronin von Richthofen u.a.

Außer den philhellenischen Schriften begegnen wir auch Werken oder Artikeln, die sich gegen die Griechen richten. Einige von ihnen sind die Veröffentlichungen von Friedrich von Gentz in der Zeitung "Österreichischer Beobachter". Von ihm stammen auch die bekannten "Briefe aus Zante". Andere Zeitungen, die sich für die Türken eingesetzt hatten, sind der "Spectateur Oriental" in Smyrna und die "Allgemeine Preussische Staatszeitung". Ein gewisser Pittschaft, Philosoph und Dichter, hielt in verschiedenen Städten Deutschlands Vorträge und sprach gegen "das dumme Unternehmen der Griechen". Diese Haltung ist jedoch zu verstehen aus der allgemeinen Sehnsucht der Deutschen und aller Europäer der damaligen Zeit nach Ruhe und Frieden nach dem Erlebnis der verheerenden Napoleonischen Feldzüge und den sich anschließenden Freiheitskriegen, eine Haltung, die in der sogenannten Metternichschen Reaktion politischen Ausdruck fand.

Der Höhepunkt des ganzen internationalen und folglich auch des deutschen Philhellenismus war die Befreiung Griechenlands und die Ernennung

Ottos I. zum ersten König von Griechenland. Diese Tat war von der griechischen provisorischen Regierung der Ausgleich und der Dank an Deutschland und die vielen deutschen Philhellenen für all das, was sie für den Freiheitskampf der Griechen getan und geopfert hatten. Über das, was Frankreich und England im Vergleich zu Deutschland für die Befreiung der Griechen geleistet haben, bemerkt Karl Hillebrand folgendes: "Kein Volk hat wie die Franzosen für Griechenland ... geschwärmt ..., aber das Contingent, das Frankreich zu den Philhellenen gestellt, war ein geringes im Vergleich mit dem Englands und Deutschlands"[8].

Anhand der Interpretation der wichtigsten Texte, die sich auf die oben genannten Entwicklungsphasen des deutschen Philhellenismus beziehen, kann man zusammenfassend das Verhältnis der deutschen zur griechischen Nation darstellen. Diese Verhältnisse waren, abgesehen von dem "idealistischen" deutschen Philhellenismus, sozial-geschichtlich und geistig-kulturell bedingt, denn die Grundlage dafür sind immer die historischen und zeitgenössischen Ereignisse in Griechenland gewesen, die der deutsche Dichter auf seine Weise erfaßt und in seine Dichtung übernommen hatte. Interessant ist es darzustellen, inwieweit der deutsche Text wirklich den tatsächlichen Geschehnissen in Griechenland entspricht. Angenommen, daß ein Text nicht die historischen Tatsachen genau trifft, dann müßte man zu erhellen versuchen, wie der Dichter zu dem Griechenland seiner Zeit stand und welche Quellen er dazu gebraucht hat. Aufschlußreich wäre, herauszustellen, wie sich das soziale und ökonomische Verhältnis zwischen Armut und Reichtum der Griechen in den verschiedenen Reiseberichten über Griechenland und in den deutschen philhellenischen Werken zeigen.

Da dieses Thema aber sehr umfangreich ist, möchte ich mich in erster Linie mit dem "realistischen" und durch die Entwicklung des neueren Griechenland bedingten deutschen Philhellenismus befassen. Die "idealistische" Seite des deutschen Philhellenismus, womit ich primär die Beschäftigung der deutschen Dichter und Schriftsteller mit den altgriechischen Texten meine, möchte ich in meiner Arbeit nur beiläufig behandeln, und zwar als eine Art Vorbereitung und Voraussetzung für den deutschen Philhellenismus in "realistischer" Sicht sowie für dessen fortdauernde Entwicklung als geistige Strömung in Deutschland und der ganzen Welt. Es gilt hierbei, die wichtigsten Texte und Werke der deutschen Dichter und Künstler, die direkt oder indirekt vom modernen und zeitgenössischen Griechenland sprechen, heranzuziehen und sie im Vergleich zu den dort herrrschenden Verhältnissen und Umständen zu interpretieren. Es wird sich zeigen, daß die meisten deutschen Verfasser sich für die Befreiung des griechischen Volkes von der türkischen Herrschaft eingesetzt hatten. Sehr wichtig für das bessere Verständnis der sozialen und geistigen Verhältnisse des damaligen Griechenland ist, daß man auch diejenigen deutschen Texte berücksichtigt, die sich gegen den Freiheitskampf der Griechen richteten. In beiden Fällen muß man die Entstehungsgeschichte jedes Textes möglichst genau untersuchen.

Parallel zu den Texten wird auch die Rolle der damaligen Zeitschriften, sogenannten Taschenbücher, Almanache, Zeitungen und anderen Flugblätter mit ihren vielen Artikeln sowie der Geschichtsbücher untersucht und dabei hervorgehoben werden müssen, was sie für die Befreiung Griechenlands geleistet haben. Über die Zahl der Zeitungen nur in der Stadt Hamburg schriebt Vonderlage: "In der Elbestadt erschienen außer den belehrenden Zeitschriften mindestens 15 Zeitungen"[9]. Viele davon waren Quellen über neue Nachrichten von Griechenlands Freiheitskampf und gaben den deutschen Dichtern und Künstlern die ersten geistigen Anregungen für ihre Beschäftigung mit dem zeitgenössischen Griechenland und seinem Todes- oder Freiheitskampf. Von dieser Arbeit dürfen aber die großen und oft schwierigen Aufgaben der griechischen Komitees in Deutschland nicht ausgenommen werden, denn sie haben vieles, was in der deutschen philhellenischen Dichtung und Kunst von den Griechen geträumt und erzählt wurde, in die Tat und Wirklichkeit umgesetzt, indem sie dem griechischen Freiheitskampf mit Geld und Kämpfern geholfen haben. Eine gleiche Aufgabe haben auch verschiedene Könige und hohe Personen in Deutschland für Griechenland übernommen.

Als griechischer Germanist fühle ich mich sehr verpflichtet, mich mit dem Philhellenismus im allgemeinen und dem deutschen im besonderen zu befassen. All das waren manche Gedanken und Überlegungen über meine zukünftige Arbeit mit dem Titel "Der Philhellenismus in Deutschland". Diese Arbeit wird eine Anthologie der philhellenischen deutschen Lyrik sein, die in Kapitel eingeteilt wird, in denen die Rolle und die Nachwirkung einerseits der verschiedenen Freiheitskämpfer in Griechenland (wie z.B. Botzaris, Kanaris, Miaoulis u.a.) und andererseits der Orte der Schlachten (wie z.B. Chios, Mesolongi, Psara u.a.) handelt, interpretiert und mit den nötigen Erläuterungen versehen werden müssen. Bis jetzt habe ich die betreffenden Gedichte von etwa siebzig deutschen philhellenischen Dichtern gefunden.

Anmerkungen

1 Siehe Walter *Rehm*, Griechentum und Goethezeit. Bern 1938, S.17f.
2 Siehe Konrad *Burdach*, Schriften über den deutschen Unterricht. In: Anzeiger für Deutsches Alterthum und Literaturgeschichte 1886, Bd 12, S.159.

3 Die repräsentativsten Quellen für die Entstehung dieser drei Romane waren: 1. Richard Chandler, Travels in Asia minor, and Greece. Oxford 1775-1776. 2. Choiseul-Goufier, Voyage pittoresque de la Grèce. Paris 1782. 3. François Pouqueville, Voyage en Morée, à Constantinople, en Albanie, et dans plusieurs autres parties de l'Empire Othoman, pendant les années 1798, 1799, 1800 et 1801. Paris 1805 und 4. Friedrich Wilhelm August Murhard, Gemälde des griechischen Achipelagus. 1807-1808.
4 Siehe Chrysanthos *Christou*, Die Revolution von 1821 und die europäische Kunst. Thessaloniki 1969.
5 Über die Bedeutung von Adamantios Korais bemerkt A. Schott in einem Artikel über dessen Biographie folgendes: "Er hat für die gegenwärtigen Zeitverhältnisse, um den Mut und Haß seiner Landsleute gegen den Despotismus zu stärken, auf Kosten edelgesinnter Griechen und zum Besten Griechenlands den Text der Politik des Aristoteles mit einem trefflichen Commentar herausgegeben. Die Vorrede zu diesem Werk ist eine politisch-philosophische Abhandlung, für den Freiheitskampf der Hellenen berechnet, in welcher er seinen Landsleuten unter anderem empfiehlt, die Kapuziner, die Jesuiten und die Ignorantiner, welche sich überall wieder eindrängen, fortzujagen, und eine bloß geistige Geistlichkeit, wie Rußland, zu bilden. Diese Vorrede ist das stärkste und beredteste, was Korais über Politik und Moral geschrieben hat", veröffentlicht in: Taschenbuch für Freunde und Geschichte des griechischen Volkes älterer und neuerer Zeit. Jg 2, 1824, S.264.
6 Das Werk von Werner von Haxthausen wurde erst im Jahr 1935 in München mit dem Titel "Neugriechische Volkslieder" von Karl Schulte-Kemminghausen und Gustav Soyter herausgegeben.
7 Siehe Bernard *Vonderlage*, Die Hamburger Philhellenen. Göttingen 1940, S.52.
8 Siehe Karl *Hillerbrand*, Aus und über England. Berlin 1876, S.274.
9 Siehe Anm. 7, a.a.O., S.101.

Georg Pfligersdorffer

Philhellenisches bei Prokesch von Osten

Anton Prokesch von Osten, der bedeutende österreichische Diplomat, Historiker, Militär, Schriftsteller und Gelehrte aus dem vorigen Jahrhundert, begab sich auf seine erste Reise in die Levante im Sommer 1824. Der damalige junge Hauptmann hatte sich zur Marine versetzen lassen und schiffte sich am 13. August nach der Ägäis ein, angezogen von der Fremdartigkeit dieses Bereiches und darauf begierig, dem 1821 entbrannten Freiheitskampf der Griechen gegen die Türken nahe zu sein. Er legte damit den Grund zu seiner Laufbahn bei der österreichischen Levanteflotte. Schließlich an der Spitze ihres Generalstabs stehend, machte er sich um die Bekämpfung der Seeräuberplage in der Ägäis verdient und ermöglichte damit wiederum den bereits zum Erliegen gekommenen Seehandel in diesem Gewässer.

Land und Meer dieses Bereichs sind für Prokesch weit mehr als der bloße geographische Bestand gewesen, eben die Grundlage alles dessen, was einem Freund des Altertums, seiner Geschichte und seiner religiösen und mythischen Vorstellungswelt vertraut ist. Und diese antike Bildung ist bei Prokesch wahrhaftig beträchtlich gewesen. Der Raum, dem er nun entgegenging, war für ihn auf diese Weise aufgeladen und befrachtet mit einer einzigartigen Vergangenheit, die für den Gast aus der Ferne, in strahlendes Licht getaucht, Gegenstand scheuer Bewunderung gewesen ist. Seine Aufzeichnungen im Bereich der Ägäis verraten immer wieder die Gewalt, die diese Vergangenheit auf ihn ausgeübt hat. Als Nährboden einer solchen Vorzeit wurde das Land mit einer Aura der Verklärung und auszeichnenden Adels umkleidet. Für die Philhellenen ist dieser am griechischen Boden haftende Adel, Heimat einer bewunderten Kultur zu sein, ein wesentliches Element ihrer Sehnsucht und ihres Herzenszuges nach dem Land der Griechen gewesen.

Noch im Hafen von Pola greift nun Prokesch nach der Vossischen Übersetzung der Ilias und will sich durch diese Lektüre entsprechend einstimmen und auf die Begegnung vorbereiten, der er entgegenharrt, "die männlich drängenden Pulse" zu beruhigen bemüht. Die Erwartung von Corfu nimmt ihn zunächst voll in Beschlag und versetzt ihn in den Bannkreis des homerischen Dulders, auf den er sich nun durch die Lektüre der Odyssee einstellt. Zunächst erlebt er noch Cap Glossa oder Linguetta; es ist den Alten das gewitterumtoste und in Blitzen grell aufleuchtende Akrokeraunische Vorgebirge gewesen. Seine düstere Wirkung läßt unserem Seefahrer des Odysseus Totenbefragung in den Sinn kommen, und gerade diese Gegend scheint geeignet für den Zugang zum Hades. In dieser Verbindung des unheimlichen Eindrucks der geschauten Landschaft mit der homerischen Szenerie erfährt ebensowohl diese eine anschauliche, leibhafte Verlebendigung, wie dem sinnlichen Augenschein eine Vertiefung zuteil wird, eine Anreicherung mit etwas, das den bloßen Oberflächeneindruck zu verankern geeignet ist. Die literarische Erinnerung geht in das äußere Bild ein zu einer Verschmelzung in einer sinnlich-geistigen Anschauung, die für beide Seiten einen besonderen Erlebnischarakter bedingt, der nicht möglich wäre, wenn nur das eine ohne das andere gegeben wäre.

> Morgen, wenn uns die Sonn' vom hohen Epirus herabsteigt,
> Landen wir heiteren Blicks am meerumrauschten Corcyra,
> Reich an unsterblichem Ruhm in unsterblichen Liedern gesungen.

Auf der "Höhe von Panormus"[1] vertraut er sich Athenens Schutz an, angesichts eines warnenden Vorzeichens:

> Bist es du, des Zeus blauäugige Tochter Athenä
> Tritogeneia, der ich vor Allen geopfert an Gaben,
> Was mir das köstlichste war und am schwersten wog in Entbehrung?
> Nein, du lassest mich nicht. An dir hab' ich treulich gehangen
> Mit festgläubigem Sinn, wie der Knab' am rosigen Mägdlein.
> Führe mich ein in die Bucht, daß ich athme heiligen Laufthauch ...

Was er Athenen geopfert, ist wohl die Heimat, die er so schweren Herzens hinter sich gelassen hat und eingetauscht hat gegen dieses Land verklärter Vergangenheit, das ihm den Verlust verwinden hilft und aufwiegt, da er nun auf dem "Grunde" sich bewegen wird,

> ... den olympische Sieger betreten!

und den, wie er sich auf Corfu innewerden wird, Götter "bewandelten", an denen die Heimat keinerlei Anteil hat.

Eine Welt geistiger Anschauung verbindet sich also mit diesem Eiland, dessen Doppelfelsen das Wahrzeichen der prächtigen Insel ist, die von jenem ihren Namen "Corfu" erhalten hat. Es hätte Prokesch sicherlich berührt, wenn er gewußt hätte, daß dieser Name nichts mit verwundenden Felsenspitzen zu tun hat, sondern mit dem bergenden, schutzverheißenden mütterlichen Busen, dem Seefahrer stellt sich eben Hort und Zuflucht in Aussicht, zumal wenn er wie unser Reisender aus rauhen Gewässern kommt.

Für Prokesch verbinden sich die Doppelhöhen unwillkürlich mit der Vorstellung, daß zu allen Zeiten der Herrscher über die Insel an ihnen seinen Sitz gehabt haben müsse, und so gesellt sich dem die Vorstellung beherrschenden Bild des Herrschersitzes wieder das homerische Element, das dem Wanderer eben erst Gegenstand der Lektüre gewesen ist, daß hier sich des Alkinoos Burg befunden hat; hatte er doch eben vom Scheitern des Odysseus an dieser Küste gelesen – schon seit dem 5. Jahrhundert v. Chr. hat man ja das Phäakenland mit Corfu gleichgesetzt –, und gelesen hatte er auch von des Odysseus Erwachen inmitten der Mädchen und von seiner Aufnahme bei Alkinoos. "Bilder des Sängers von Chios, erstehet ihr vor mir?": Es ist die evozierende Kraft der Landschaft, ihre *vis admonitionis*, wie es Cicero am Anfang des 5. Buches von De finibus genannt hat, die jene Vergangenheit, von der man ein Wissen hat, ein bloßes Wissen, erstehen und in die leibhaftige Anschauung einfließen läßt.

Bereits auf der "Höhe von Panormus" hatte er es sich gewünscht:

> daß ich athme heiligen Lufthauch,
> Schaue heiligen Strand, das Herz voll lastender Andacht,
> Und betrete den Grund, den olympische Sieger betreten!

So gestimmt setzt er den Fuß auf Corcyras Boden:

> Schweigend beug' ich das Haupt; unendliches Bangen und Ehrfurcht
> Preßt mir im Busen das Herz und die männlich drängenden Pulse.

Diese bange Beklommenheit steht dem Gast an gegenüber

> euch Geistern versunkener Helden,
> Und euch Göttern zumal, Bewandlern dieser Gestade.

In einer Stimmung tiefer Niedergeschlagenheit hatte er die Heimat verlassen, und es mag gerade auch diese seelische Verfassung an seinem Aufbruch in die Levante als Ursache nicht unerheblich beteiligt gewesen sein. Den hehren Gestalten der alten Welt stellt er sich vor:

> Allen künd' ich mich an, ein Sohn entlegenen Landes,
> ...
> Kummer drängte mein Herz; in Zwang und Oede verging es.
> Deßhalb nahm ich den Stab, durchzog die dunkele Salzfluth
> Zwischen italischem Land und Felsengehä(n)g' der Illyrer;
> ...
> Nun gewann ich den Port. Es leuchten hell mir die Ufer
> Wo die Jungfrau den Ball, die blühende Fürstin, geschwungen ...

Gegenüber diesem liebenswürdigen Bild wird die Gegenwart als unwillkommene, störende Beeinträchtigung der Vorstellung empfunden und beiseitegeschoben:

> Flammen lecken empor am Uranidengebeine,
> Warnend in drohender Nacht. Es tönen krieg'rische Hörner
> Durch die gepanzerte Stadt. Es gellt der Wachruf des Fremdlings,
> Der vom Kreidengestad der Meerbeherrscherin kommend,
> Hier ein Sieger thront mit allgewaltigem Dreizack.

Die am Raum haftende Vergangenheit, das heilige "Einstmal" (wie es statt "Vergangenheit" der Fassung DW in der Textfassung KS heißt) ist es, das Ehrfurcht und Scheu gebietet und das "Jetzt" "schweigen" (so DW, "weichen" hat KS) zu machen nahelegt:

> Aber weiche mir, Jetzt! – nur du, o heiliges Einstmal,
> Hülle täuschend mich ein, und gib mir Wachenden Träume
> Wie Homeros sie sang, und wie sie geben die Götter! –

Ist es auf Corfu die kriegerische Anwesenheit von Albions Söhnen, was er verdrängen möchte, so legt sich ihm, dem die Seele voll ist vom leuchtenden Glanz des heiligen "Einstmal", den dieser Boden ausstrahlt, anderwärts auf die Seele die harte Wirklichkeit des "Jetzt" der griechischen Gegenwart, jenes Jetzt, das er am liebsten weichen machen möchte vor der unbelastet, ungetrübt leuchtenden antiken Vergangenheit. Es sind die bedrückenden Aspekte der Verhältnisse während des Kampfes der Griechen gegen die türkische Herrschaft. Die herbe Realität dieser Zeit stand eben nur zu oft gegen die Erwartungen und die Vorstellungen der Philhellenen in Mittel- und Westeuropa. Quälende Eindrücke hat er in Missolunghi erfahren, die sich ihm im Laufe der Zeit verstärken und verfestigen, zu einem Leiden und Mitleiden an der griechischen Gegenwart werden. Es ergibt sich so die nicht zu verdrängende Erfahrung des Kontrastes zwischen dieser an Menschlichem und Allzumenschlichem nur zu reichen Umwelt und der lockenden Traumwelt des Altertums.

> Ich, in Gluthen entbrannt, den Jammer der Völker im Herzen,
> Und des eigenen viel, ich fühle mit Ruh' mich gestärket,
> Da auch ich dich erschau, auf luftigem Tauwerk mich wiegend –

so spricht er zuvor noch Ithaka an, das er sich vorstellt als von Homers Blick getroffen,

> ... eh' noch die unsterblichen Götter
> Nacht in sein Auge gesenkt, der Erde Verherrlichung neidend!

Auf der Fahrt nach Missolunghi hatte er diese Insel in der Morgenfrühe vor sich: "im Schleier der Ferne wies sich Cephalonia und die Doppelspitze Ithakas" (an Schneller).

In den "Denkwürdigkeiten" gibt er jener Spannung zwischen Vergangenheit und Gegenwart beredten Ausdruck, da er gequält war von den Eindrücken in Missolunghi: "Meine Seele war mir über den (sic!) Anblick alles dessen, was ich sah und hörte, schwer geworden. Soll ich dir gestehen – mir ist wie Jemanden (sic!), der dem Wachen nahe einen schönen Traum festhalten will, und nicht kann. Das also ist Missolunghi? – Beklagenswerther Byron, wie arm mußt du gestorben seyn! Beklagenswerthes Griechenland!" An Schneller schreibt er: "Missolunghi ist elend, schmutzig, ein armes Dorf. Die Leistungen der Griechen werden ganz unbegreiflich, wenn man ihre Mittel sieht." Ein schönes Zeugnis für den Heroismus der Griechen! Und keine Eindrücke angesichts einer nahen schönen Landschaft oder des historischen Geschehens unweit davon sind stark genug, seine Stimmung aufzuhellen: "Nur wenige Gewalt übten diese Bilder über den Trübsinn, der meine Seele beschlich und noch gefangen hält." (DW) Der Traum, in der rauhen Berührung mit einer harten, herben Gegenwart nicht festzuhalten, – das ist auch dann das Motiv des großen Gedichtes "Delos".

Der Gegenwart möchte er entkommen,

> ... ich aber wandernder Jüngling,
> Lebend vergangener Zeit auf daß ich der Gegenwart fliehe,
> Eil' auf flüchtiger Well', ein Bild des Wechsels, vorüber –

wie er am 10. September 1824 zu Schiff nahe an Elis schreibt; und doch tönt diese Gegenwart mit ihrer Farbe selbst große und starke Erinnerungen, als er Messeniens Küste entlangfährt. Im Vordergrund der historischen Erinnerung steht ihm der Verfechter der Freiheit Messeniens, der "Beste der Hellenen", als den ihn der pythische Götterspruch bezeichnet hat, Aristomenes, der Anfang des 5. Jahrhunderts von Hira aus den 3. Messenischen Krieg geführt hat (das Gedicht nur in DW, nicht in KS):

> Blickst du zürnend mich an, die über Taygetischen Felswall
> Aufsteigt, Tochter des Zeus, Endymions keusche Vertraute? –
> Dunkel wohnt auf der See und unbegriffenes Regen,
> Geistern verständlich allein, die scheu hinschweben im Nachthauch.
> Ithome siehst du entweiht, und Messena's mächtige Küsten
> Hoch von Staub überdeckt gesunkener Helden der Vorzeit.
> Kommst du, daß du sie schaust? sie schweben hervor aus den Tiefen,
> Aristomenes dort, mit ihm die Streiter von Ira,
> Traurig ziehen sie hin, gesenkten Blickes und schweigend,
> Schweben dem Ithome zu, dem hochgepriesenen Berghaupt,

Schaudern in Jammer und Schmerz und heben die flehenden Arme
Hoch zu den Sternen empor, die ruhig wandeln am Himmel,
Webend auf endloser Bahn der Menschen und Götter Geschicke.
Aber sie hören sie nicht – denn also will's das Verhängniß! –
Wie einst Priamus Burg, die heilige Ilion hinsank,
Also die Sieger selbst, und Gras deckt ihre Behausung.

Die beiden Sphären, Vergangenheit und Gegenwart, dürften hier ineinander verwoben sein; die Präsenz der Antike ist wieder vermittelt von der Landschaft und führt uns die Helden Messeniens vor Augen, wie sie die Niederlage von Hira und damit den Verlust der Freiheit Messeniens beklagen – und dabei schwingt in dieser Klage auch die andere mit, über den Untergang von Hellas überhaupt und seine Knechtung unter dem Halbmond: "Ithome siehst du entweiht ...". So macht sich immer mehr die Gegenwart geltend, den Eindruck der Vergangenheit sicher nicht beiseiteschiebend, aber doch beeinflussend und modifizierend.

Am 14. September 1824 hatte er nach Umschiffung der Peloponnes die Insel Sira erreicht, auf der er aufmerksam die Spuren der Vergangenheit erkundet, vor allem aber das Elend der griechischen Bevölkerung erfahren muß, die, von Kleinasien und seinen Inseln flüchtend, hierher gelangt war und Schutz und Zuflucht zu finden sich versprach. Es waren die Opfer der Überfälle auf Chios, Aiwalyk und Psara, darunter auch das etwa dreizehnjährige rührende Mädchen Theophania aus Psara mit ihrem steinalten "Barbas" (es bedeutet eigentlich Onkel, meint aber hier den Großvater) und ihren Geschwistern, denen der Vater erschlagen und die Mutter in Sklaverei geschleppt worden war. Es ist eine wahrhaft ergreifende Geschichte, die sich zwischen dem heranwachsenden Kind und unserem Reisenden anspinnt. In ihrem Verlauf erfahren wir Näheres vom Schicksal der Psarioten aus dem Mund des "Barbas". Der Abschied von Theophania und den Ihren ist wehmütig, und als Prokesch am 7. Februar 1825 wieder nach Sira gelangt, kommt er gerade recht zum Sterben des armen, schönen Mädchens, die an der Pest erkrankt war. Mit inniger Anteilnahme hat Prokesch diese Geschichte mit einiger Einläßlichkeit erzählt, auf etwa vierzehn Seiten.

Von dem ersten Aufenthalt auf Sira war Prokesch nach Delos gekommen, dem er, noch im September 1824, ein umfangreicheres Gedicht in 79 Hexametern widmet. Es wird gleich zu besprechen sein.

Athen betritt er noch vor Sommer 1825; in den "Denkwürdigkeiten" beginnt er die Schilderung mit des Jüngeren Plinius dithyrambischem Text auf Athen (Brief 8, 24). Er war über Smyrna und die Dardanellen mit der Troas zuvor noch nach Konstantinopel gekommen und hatte von dort den Rückweg über Kreta genommen, um schließlich über Mykene, Korinth, den Isthmus mit Megara und über Salamis Athen zu erreichen. Das Gedicht

"Athen" aus dem August 1825 ähnelt in seinem Aufbau dem vorher erwähnten Delos-Gedicht in mehrfacher Weise.

In beiden Fällen steht jeweils eine ziemlich umfangreiche (etwa einen Mittelteil darstellende) Partie einer Schlußpartie gegenüber, jene aus der Landschaft lebend und in ihr webend, diese aus der Konfrontation mit der harten Gegenwart ihre Stimmung erfahrend oder sie zumindest beherzigend.

Im Delos-Gedicht sieht sich der Dichter vom Geist, der ihn treibt, entrückt auf

> des Cynthos
> Gipfel selber hinauf, auf daß in unendlicher Salzfluth
> Ich die Cycladen erschau, wie Schwäne ruhen im Teiche.
> Herrliche, seyd mir gegrüßt! ...

35 Verse gelten dieser Höhenschau, die zu jeder der genannten dreizehn Inseln Charakterisierendes zu sagen weiß:

> Aber wie nennet ihr euch? Ich will euch kennen, euch alle
> Die ihr wie Perlen erglänzt um Delos herrlichen Busen.

Und dann folgt eine Anrufung einzelner Inseln, die Vergegenwärtigung ihrer Schönheit und ihres Ruhmes; bezeichnend die Worte: "... die heitere Syros, / Wo Pythagoras weint', da ihm der heilige Lehrer / In den Armen entschlief, der weiseste unter den Menschen." So gedenkt er zwar des Pherekydes, mit keinem Wort aber wird berührt, was Prokesch hier, auf dieser Insel bereits an Jammer und Elend der Flüchtlinge erfahren hat – es gehört nicht in den Traum von Schönheit und Weihe des Altertums, der auf diesen Eilanden webt und sie dem Träumenden verzaubert erscheinen läßt. Naxos und Paros werden ausführlich behandelt, jenes als Heimat des Dionysos, dieses ob seines Marmorreichtums und als Herkunftsort des Archilochos gepriesen. Und daß es ein Traum gewesen, als Traum vom Dichter verstanden werden will, geht aus der zweimaligen Nennung des "Geistes" hervor – die eine der beiden Stellen ist schon angesprochen worden:

> Doch wo führst du mich hin, o Geist, der mich treibet?

nachdem vorausgegangen war:

> Wild ergreift mich der Geist, und führt zu Inopischer Nymphen
> Heiliger Jungfrauschaar den tiefaufstaunenden Jüngling.

Ausdrücklich als "Traum" deklariert ist die entsprechende Partie im Athen-Gedicht:

> Jetzt da ich schwelgend an dem Traum gesunde ... .

Und wieder ist das tragende Vorstellungsgerüst ein geographisch-landschaftliches, zwar nicht die Höhenschau auf die Kykladen vom Gipfel des Kynthos, wohl aber diesmal der Ablauf der eigenen Seefahrt des Dichters. Der Abschnitt, der noch umfangreicher ist (21 Strophen, über 3 Seiten) als das Pendant im Delos-Gedicht, beginnt mit einer Anspielung wohl auf Missolunghi:

> Auf Hella's Strand erklingt ein Ruf des Weh's
> Tönt Waffenschlag und strahlt des Krieges Sonne,
> Der Städte Brand! ... Vorbei! – Vorbei! ...

Am Anfang dieses Stücks wird also auf die Gegenwart Bezug genommen, die aber sogleich mit der wiederholten Aufforderung "Vorbei!" beiseitegeschoben wird. Dann geht die Fahrt weiter mit dem Blick auf "Lacedämons Kronen", auf Cythera, Melo und Serpho; die Cycladen erscheinen auch hier als

> Der Inselkranz, auf reiner Fluth gereiht,
> Verwelkt, verdorrt um Delos heil'ge Stätte –,

wobei auch hier die Gegenwart sich geltend macht, aber wohl nur unter dem Gesichtspunkt der hingesunkenen alten Welt.

Geleiterin ist die letzte von neun Jungfrauen im Gefolge einer ernst schreitenden, den Dichter ins feurige Auge fassenden, schweigsamen und vom Leid geprägten Erscheinung als Anführerin, wohl der Personifikation der eigenen Lebensvergangenheit. Die letzte in "der Jungfrau'n lichtem Zug" führt also den Dichter diesen Weg, wohl als die Personifikation von Griechenland zu verstehen, während ihre Vorgängerinnen acht Lebensphasen des Dichters in Erinnerung rufen und damit dem uns hier jetzt beschäftigenden Teil einen relativ umfangreichen Vorspann verleihen. Diese Einbettung des letzten Gliedes in der Reihe des das Leben abbildenden und rekapitulierenden Traumes hat zwangsläufig die Gegenwartsnähe des Erlebens der antiken Stätten zur Folge, die sich bereits an zwei Belegen aufweisen ließ und nochmals in Anbetracht von Chios und Ipsara zur Geltung kommt:

> Du hohe Chios, trauerndes Gestad',
> Du Psarras Fels mit Blut noch überronnen ...,

womit ganz offensichtlich auf die Ereignisse von 1822 angespielt wird. Noch zuvor war der Dichter, dessen Reiseroute wir schon kennen und sie nun in einzelnen Positionen noch absolvieren, an Samos und Patmos herangeführt worden, dann über Chios hin zum Hellespont und an die Stätten des Kampfes um des Priamos Stadt, schließlich nach Konstantinopel und hierauf in gefährlicher Fahrt zurück vorbei an Lesbos und abermals an Chios nach Smyrna, in die Nähe von "Tmolos Herrscherthron" und "Magnesias weitgestreckten Bergen" und endlich über Creta, Naxos und Paros wieder auf Kleinasiens Festland, an den Strand des Cayster und nach Ephesos, von wo er über Argos, Korinth, den Sund von Salamis nach dem Piräus und nach Athen, des "Cekrops Stadt", gelangt.

In beiden Gedichten bildet jeweils den Schlußteil, von relativ geringerem Umfang im Athen-Gedicht, die Besinnung auf die Gegenwart und ihr Leid; es schreckt ihn da auf

> ein Schrei aus meinem tiefen Schlafe –
> Ich fahr' empor – ich seh', den Dolch gezückt,
> Im Arm des Höllenthiers die Jungfrau ringen ... .

Diese und zwei noch folgende Strophen bilden den Abschluß des Athen-Gedichts, freilich abschwenkend von jenem grausigen Eindruck und gipfelnd in der Anrede an den Parthenon:

> ... und seh' ich dort
> Die Krone nicht auf Athenäas Mauern,
> Parthenon dich? zerstört, doch nicht zerstörbar! –

Die im Traum zurückgelegte Fahrt hat tatsächlich ans Ziel geführt. Aber im Vordergrund steht die *Wahrheit* des Traums, insofern der Dichter wirklich in Athen ist. Diese Erfüllung und Beseligung überlagert den Eindruck der Gegenwart, die sich nur im Augenblick des Erwachens aufgedrängt hat:

> ... ich seh', den Dolch gezückt,
> Im Arm des Höllenthiers die Jungfrau ringen ...

Im Delos-Gedicht aus dem September des Vorjahrs ist das Erleben unmittelbarer. Da der Dichter gewahr wird, geträumt zu haben, tritt ihm, 20 Verse am Schluß füllend, der Jammer der Gegenwart übermächtig gegenüber:

> ... Verlassene Inselgestade, –
> Weißes Klippengebirg und Todesschweigen der Thäler, –
> Meer, von Flüchtigen voll, in ärmlichen Booten, ein Wurfspiel
> Zwischen Leben und Tod, Gebeine der Väter zu retten, –

> Kinder, den Müttern verstreut und Mütter jammernd der Kinder,
> Männer, verstümmelt vom Schwert, und Mädchen, dem Sieger entronnen
> Opfer unwilliger Schuld, der Schmach verfallen, dem Mitleid,
> Das abwendend gewährt, – vom Loos unschuldig gebrandmarkt,
> Sprecht, sprecht alle gesammt, laut auf wie Rollen der Feldschlacht,
> Sprecht wie Donner des Zeus, wie hochaufschäumender Wogen
> Wuthgeheul, wie Jammer der Angst und Rufen des Todes!
> Sprecht wie Lachen des Wahns, wie Kampfgeseufz der Verzweiflung!
> Erde, Himmel und Meer vermählt die schrecklichen Stimmen
> Mitternächtlich, und dann wenn die Sonne brennt aus dem Scheitel,
> Wenn sie kommt, wenn sie geht! ... vielleicht vernimmt ein Gott euch! –

Sechs Verse zeichnen da die Schicksale der Griechen, sieben weitere wollen ihre Klagen zu einem gewaltigen Chor anschwellen lassen – "vielleicht vernimmt ein Gott euch! – ", und die letzten fünf Verse richten sich an die Vergangenheit:

> Roll' die Geschichte mir zu, Vergangenheit, fürstliche Jungfrau,
> Gramverschönte! hinweg den Blick und trete mir abseits!

und setzen die Gegenwart in Geltung, der der Dichter sich hier entschlossen und einsatzbereit zu stellen scheint:

> Noch beherrscht mich dies Seyn; in der Erde haftet die Wurzel.
> Nahe Gegenwart, du! die Schlangengeisel in Händen,
> Nahe, so wie du bist, und üb' dein trauriges Handwerk!

Aufgewühltes Mitempfinden, Mitleiden, spricht aus diesen Versen, die noch getragen sind von der Glut der Griechenlandbegeisterung des jungen Offiziers, der nach der Levante ausgezogen war, auch um dem Freiheitskampf der Griechen aus der Nähe zu folgen.

Andere Gedichte, die uns im folgenden beschäftigen sollen, sind ganz von dieser Gegenwart bestimmt und leben daraus, daß sie sich unmittelbar in sie versetzen, Situationen der Griechen im Zusammenhang mit dem Geschehen von damals mitvollziehend und zur lebendigen Anschauung bringend. Der Boden und die Landschaft, die die große Vergangenheit evozieren, treten hier völlig zurück; diese Gedichte sind unreflektiert und packen durch die Intensität, mit der der Dichter, zum Teil selbst handelnd, sich in häufige, geläufige Geschehensmuster dieser Jahre hineinversetzt.

Da ist es im Gedicht "Creta" aus dem Jänner 1825 ein griechisches Mädchen, das vom Helden des Gedichts, hier dem Dichter selbst, durch unzugängliche, einsame und öde Gebirgslandschaft auf dem Berberrosse mit sich geführt und plötzlich zum Kampfobjekt zwischen dem Reiter und einem Muslim wird:

> Vom Waffenschlag die Bergschlucht gellt,
> Die Kugel schwirrt, der Moslim fällt.

Ihrem Retter enthüllt die Griechin nun ihr Schicksal: sie kommt

> "Aus Schreck und Tod, aus Mord und Leid",

hat ihre Eltern verloren – sie sind

> "Dem Joch nicht unterworfen mehr",

und selbst ist sie, vordem eine Braut gewesen,

> "... am Altarrand
> Entrissen von Barbarenhand!";

sie vermeint den Bräutigam tot und gibt sich nun dem Retter in seinen Schutz, bereit, ihm gehorsam zu folgen, wohin er wolle. Auf dem Weg in das "neue Vaterland", das wiedererstandene, wohin ein Schiff von "Sudas Strand" sie beide bringen soll, werden sie eines Bootes "am Felsgestad" ansichtig, voll entschlossener Männer, von denen einer sich nun als der vermeintlich verlorene Bräutigam herausstellt und den Retter um sein Mädchen anfleht:

> "Nichts hab' ich, Herr, als Gott und sie!"

Aber der Weg in das vereinte Schicksal ist nur kurz: Von der sturmbewegten See wird das kleine Boot mit dem hoffnungsfrohen Paar in der Nacht verschlungen:

> Das Meer wächst groß, die Welle strebt,
> Das Boot vom Meer zum Himmel schwebt, –
> Die Nacht bedroht, beginnt, bedeckt –
> Kein Morgen mehr die Schiffer weckt. –

Was so oft damals geschehen konnte, die Wiedervereinigung Getrennter und füreinander Bestimmter, ist vom Dichter mit der eigenen Person verbunden, als ob er seine spätere Rolle beim Gefangenenaustausch – sie wird noch zu schildern sein – vorausahnte; er identifiziert sich mit dem Schicksal dieser

Menschen, bezieht sich in ihr Leid ein und führt in seinem Gedicht ein packendes Beispiel dafür vor, wie in diesem Freiheitskampf alles Gelingen nur ein vorläufiges ist und sofort wieder zunichte werden kann, was diesmal von Naturgewalten gewirkt wird, in die man vom Kriegsgeschehen hineingerissen ist; das Elementare ist so auf allen Ebenen zu bestehen, im Kampf und in der Natur.

Ganz ähnlich ist der Vorwurf des Gedichtes "Am Bosphor" aus dem Mai 1826: Die Aufforderung an eine Sklavin, auch sie eine entführte Braut, zur Flucht übers Meer;

> Dem ersiegten Vaterlande

(wir denken an das "neue Vaterland" aus dem vorigen Gedicht)

> Führ' ich wieder dich zurück.

Auf "Psara's Felsenküste" soll ihr die Heimstatt erstehen und für noch zu bestehenden Kampf ist der Sprecher gerüstet und voller Zuversicht:

> Türkengold ist unser Gut,
> Handel schließen Kraft und Muth,
> Todesblei und Schwertesschlag
> Zahlen richtig den Betrag.
>
> Unser Schutz ist die Gefahr;
> Unsern Muth verbürgt der Wille;
> Trug mag suchen Nacht und Stille,
> Rache wandelt offenbar.

Prokeschs Gedichte tragen zum Unterschied von anderer Dichtung, die eine Einfühlung nur aus der Ferne zu erzielen vermochte, kräftige Lokalfarbe und die Tönung unmittelbarer Beobachtung, die Spiegelung eines vertrauten Milieus. Das gilt ebenso von den "Wechselgesängen" aus 1825, in denen das Einzelschicksal Bestandteil der allgemeinen großen Erhebung und ihr untergeordnet wird.

Im "Messenischen Wechselgesang" ist es die Zwiesprache zwischen Mann und Frau, die den Auszug und Aufbruch des Mannes rüstet, zunächst ohne Kenntnis seines Ziels. Es geht auch nicht um die Abwehr eines Räuberzuges, wie sie es in Erwägung zieht, und doch:

> Weib, ein Schützer geh' ich Dir!
> Will Dir edlen Schutz erwerben,
> Oder auf dem Schilde sterben,
> Denn, ich weiß, Du stirbst mit mir.

> Griechenvolk und Griechenland
> Sind vom Tode auferstanden!
> Also tönt's in allen Landen,
> Und der Himmel gibt ein Pfand!

Das aber reißt die Gattin mit und läßt sie gemeinsam mit dem Mann in den Kampf ziehen, einstimmend in den Ausruf "Griechenvolk und Griechenland!", der immerhin wieder das Land und wohl auch seine Tradition, seine ererbte Würde, mit seinen Bewohnern verbindet, und mit diesem Ausruf besiegelt sie ihre Ermunterung und ihren Entschluß und rundet damit diesen Aufschwung ab:

> Griechenvolk und Griechenland!
> Auf! die Festen seh' ich brennen,
> Türken stürzen, flüchten, rennen,
> Unser Glaube wahrt das Pfand!
> Hier das Schwert und hier die Hand!
> Dir zur Seit' in Tod und Leben!
> Jubelruf und Waffenstreben!
> Griechenvolk und Griechenland! –

Auch der "Cretische Wechselgesang" läßt einen kampfentschlossenen Jüngling sein Mädchen zu ernster Besinnung ermuntern, und so mündet und fügt sich ihr Gespräch, durch drei Strophen mit je acht Versen geführt, in die Aufforderung des – vom Jüngling verschiedenen – "Mannes" in zentraler Stellung innerhalb des Gedichts:

> Idas Lüfte wehen nieder,
> Späht die Flur durch, edle Brüder,
> Schwingt den Säbel, raubt der Scheide
> Griechendolches scharfe Schneide!
> Endlos, unberechenbar,
> Nehm' ich Saat der Rache wahr.
> Ruhe, süßer Segen werde
> Unser auf der freien Erde;
> Ruhe, süßer Segen kömmt,
> wenn der Brust das Blut entströmt.

Die letzten beiden Verse lassen den Todesmut der griechischen Freiheitskämpfer erkennen, die unter Hintansetzung ihres persönlichen Lebens dieses auf dem Altar der allgemeinen Freiheit zu opfern bereit sind.

Im folgenden Zwiegespräch zwischen dem jungen Paar wird die Liebe der beiden verklärt und erhoben in die Sphäre des allgemeinen Kampfes:

> Mitten in des Feindes Horden
> Leuchtet deiner Augen Licht,
> Und in dunkler Feldschlacht Morden
> Läßt dein lichtes Bild mich nicht.

Diese Worte des Jünglings an das Mädchen bewegen auch dieses zu heldenhafter Selbstüberwindung:

> Kämpfe, siege, kehre wieder!
> Meinen Armen bleibst du nah'.
> Lebst im stolzen Klang der Lieder,
> Lebst im Staunen fern und nah'.
> Reiß den Halbmond von den Thürmen,
> Willst du deine Liebe schirmen!
> Nur dem Sieger wird die Braut
> Oder treuem Tod getraut.
> Und ihr Andern, die ihr strebt,
> Riesenahnen euch zu gleichen,
> Schande, dem das Herz erbebt!
> Schande, dem die Füße weichen! –

Mit den "Riesenahnen" sind jedenfalls die alten Abwehrkämpfer gegen die Perser und Sieger über diese gemeint; die Zusammenrückung von Freiheitskampf und Perserabwehr wurde gerade auch von den Griechen zu Beginn ihrer Erhebung vorgenommen, so von dem Fürsten Ipsilantis am 8. März 1821 in Jassy: "Die Türken, diese weichlichen Nachkommen des Darius und Xerxes, sind mit weit geringerer Mühe zu überwältigen als einst die Perser."

Den Abschluß des Wechselgesangs bestreitet der Chor, der "Heimathlieb' und Heimathbande" den Ariadnefaden für die zum Kampf erweckten und "aus dem Irrbau" zu leitenden Griechen knüpfen läßt:

> Haltet wackre Brüder d'ran!

Ein letztes philhellenisches Gedicht aus dem Jänner 1830 betitelt sich "Jonisches Meer"; es stammt also aus der Zeit des Abschieds von Griechenland, als Prokesch von Metternich bereits zurückberufen war, um am 28. Februar 1830 in Wien einzutreffen. Es ist die Zeit, da das Londoner Protokoll vom 22. März 1829 die autonome Verwaltung Griechenlands vorgesehen hatte, gleichzeitig aber auch die Tributpflicht gegenüber der Pforte und außerdem die türkische Oberhoheit, insofern der gewählte und zur Herrschaft berufene Fürst an der Spitze des neuen Griechenlands der Belehnung durch den Sultan unterworfen war; diese Bestimmungen wurden nach Beendigung des russisch-türkischen Krieges im Frieden vom 14. September 1829 zu

Adrianopel in Artikel 10 aufgegriffen und maßen dem künftigen Griechenland einen Status nach der Art desjenigen der Donaufürstentümer zu.
Das einsam hoch über dem dunklen Meer glänzende Feuer der Erhebung ist in die Ferne gerückt und von Nebel verschleiert. "Chimäras und Sulis Höh'n" sind von Wächtern flankiert; sie hatten doch einmal strahlend den Altar der Freiheit Griechenlands beschirmt. Aber

> Das Feuer ist erloschen,
> Der Altar ist Staub und Sand,
> Nun steh'n sie als Wächter am Grabe,
> Und unten liegt Griechenland.

Es ist ein trauriges, resignatives Abschiednehmen nach den fast viereinhalb Jahren in Griechenland. Dessen Erhebung hatte zu gerade damals recht bescheiden anmutenden Ergebnissen geführt – noch gab es ja kein Zweites Londoner Protokoll vom 3. Februar 1830 mit der Souveränität Griechenlands und seiner Tributfreiheit, allerdings auch noch engeren Grenzen des neuen Staates –, und diese betrübliche Einsicht ist mit der im Gedicht offenbaren herabgestimmten, enttäuschten Seelenlage von Prokesch zusammenzuhalten, die wieder nicht zu trennen ist von seiner realistischen Betrachtung der gesamten Entwicklung und der Menschen, die sie getragen haben.

Und mit welcher Hochstimmung und Begeisterung für den griechischen Freiheitskampf war doch Prokesch nicht nur im August 1824 aufgebrochen, sondern schon drei Jahre zuvor erfüllt gewesen! Friedrich Engel-Janosi hat es aus den Quellen aufgewiesen[2], wie Prokesch schon im August 1821 daran gedacht hat, "den Säbel zum Wohle der Griechen, zum Untergang der Barbarei zu ziehen", wie er dem Kreis um Caroline Pichler dessen "prosaische" Betrachtung der griechischen Frage verübelt hat und wie er beim Hören schöner Musik von der Sehnsucht nach Griechenland mit solcher Gewalt ergriffen wurde, daß er in Tränen ausgebrochen ist. Entgegen einer in der Sache zögernden politischen Beurteilung habe er "als Mensch freudigen Anteil an den Taten und Erfolgen der Griechen" genommen, wie ein Brief an den Grafen Paar vom Heiligen Abend 1823 erkennen läßt. Den Prokesch gerade zur Zeit der griechischen Erhebung zeichnet Caroline Pichlers Erzählung "Wahre Liebe". Auf sie hat Engel-Janosi hingewiesen[3], und zwar aufgrund der eigenen Angabe Prokeschs, daß die Schriftstellerin in dieser Erzählung sich an seiner Person orientiert habe. Der an Prokeschs Modell konzipierte Marchese Rialti, eigentlich ein Pargiote mit Namen Lysandrides, wird als glühender Patriot gezeichnet: "Seine Geliebte ist sein Vaterland, oder vielmehr die Idee, es zu retten"[4]; ein auf ihm ruhender ungerechter Verdacht nötige ihn, die österreichische Regierung "durch Briefe und Zeugnisse angesehener Personen ... von seiner Unschuld zu überführen"[5]. Die genannte Erzählung berichtet auch von Gustav Schwabs "Gesang der fliehenden Griechen von Parga, als ihre Stadt von den Engländern an die Türken übergeben ward", gedichtet im Hinblick auf jene bedauerliche Preisgabe des unter englischem Schutz stehenden Parga an Ali Pascha am 10. Mai 1819. Das neun Strophen umfassende Lied, zu je drei Strophen auf Männer, Frauen und Greise verteilt, sei von Schubert gerade vertont gewesen und in einer Gesellschaft in Anwesenheit Rialtis zum Vortrag gebracht worden[6] – diese Vertonung scheint sich übrigens nicht erhalten zu haben, wobei es sich möglicherweise auch um eine Fiktion der Autorin handeln kann –; Rialti sei durch diesen Gesang in einer ganz ungewöhnlichen Weise erschüttert worden, daß er das Zimmer habe verlassen müssen und einer Ohnmacht nahe gewesen sei, worin sich auch wieder Rialtis, d.h. Prokeschs tiefe Verbundenheit mit der griechischen Heimat bzw. eben Griechenland bekunden soll. Nebstdem verdient eine Einzelheit vermerkt zu werden: Rialti hat, wie die anderen Landsleute es auch getan haben, die Gebeine seines Vaters mit sich nach Corfu hinübergerettet[7], und dies stimmt zusammen mit dem tatsächlichen Faktum, daß die Pargioten die Gebeine ihrer Vorfahren aus den Gräbern geholt, allerdings dann auf dem Markt auf einem Scheiterhaufen aus Olivenholz verbrannt hätten[8]. Man verfolgte also im damaligen Wien durchaus diese Vorgänge, wenn nicht Prokesch selbst es gewesen sein sollte, der diesen schöngeistigen Kreis um Caroline Pichler über den Widerstand der Sulioten gegen Ali Pascha unterrichtet hat. So fügt sich auch diese indirekte Charakterzeichnung bei Caroline Pichler zu dem Bild eines glühenden Philhellenen, der Prokesch damals ohne Rücksicht auf politische Opportunität gewesen sein muß.

Wo aber Begeisterung und Schwärmerei so groß gewesen sind, mußte die Berührung mit der Realität zu manchem Abstrich und herber Enttäuschung führen. In dieser Weise sind Äußerungen Prokeschs zu verstehen, vor allem gegenüber seinem Pflegevater Julius Schneller am 14. Juli 1825 und am 16. September 1827, in denen sich die Enttäuschung in harter Aburteilung kundtut. Man darf wohl hiebei mit veranschlagen, was der Adressat über die Griechen gedacht hat, und kann sich vorstellen, daß dieses Gesprächsgegenüber die Art der Äußerungen verschärft hat. Daß aber doch immer noch die alte, von Prokesch mitgebrachte Einstellung gegenüber Griechenland hiedurch nicht völlig außer Geltung gesetzt wurde, bekundet nicht zuletzt Prokeschs besonderer Einsatz beim Gefangenenaustausch mit Ibrahim Pascha im Frühjahr 1828, bei dem er 112 gefangene Araber übergeben hat, aber etwa um die Hälfte mehr Griechen (172) zurückbringen konnte; "24 Familien, die zusammen 99 Personen ausmachen, war mir gelungen, ganz auszufinden und zu vereinigen." Sicherlich ist dies eine Leistung überhaupt eines Menschenfreundes, aber sicher nicht eines Griechenhassers, als der Prokesch schwer mißdeutet worden ist. Seine eigentliche Einstellung gegenüber "Griechenvolk und Griechenland" muß schließlich seiner monumentalen "Geschichte des Abfalls der Griechen vom türkischen Reiche im Jahre 1821 und der Gründung des hellenischen Königreiches. Aus diplomatischem Standpunkte" abgelesen werden. Das Vorwort, geschrieben zu Athen im Frühjahr 1848[9], enthält die hier sehr bedenkenswerten besonders gewichtigen Worte: "Seit langen Jahren die Schicksale des griechischen Landes theilend, seiner Kämpfe Augenzeuge, seiner Leiden und Hoffnungen Mitfühlender, am Baue seiner Wiedergeburt auch eine Hand, für die Bewahrung seiner errungenen Unabhängigkeit thätig ...". Mendelssohn schreibt 1867 in seiner in von Sybels Historischer Zeitschrift erschienenen Würdigung des Werkes[10]: "hier schreibt ein Mann, der mitten im Gewühl der Leidenschaften gestanden, der das wilde Emporwachsen dieses heißblütigen Geschlechts mit eigenen Augen gesehn hat, den aber praktischer Verstand und nüchterne Genialität hoch über das wirre Treiben des Tages gestellt und in Wahrheit zum historischen Richter berufen haben." In diesen Worten wird manches, was auch Prokeschs Haltung, seine Stellungnahme und sein Handeln, auch manche seiner Äußerungen erklären helfen mag, in einer überzeugenden Weise umrissen. Schließlich ist es gar nicht ohne Gewicht, daß der darstellende Teil des Geschichtswerkes, also die beiden ersten Bände, den Griechen auch in ihrer Muttersprache zugänglich gemacht worden ist, durch G. Antoniades (Athen 1868/9), also unmittelbar nach dem endlich ermöglichten Erscheinen des Gesamtwerkes.

Was Prokesch von sich selbst sagt, erhebt seinen Philhellenismus über allen Zweifel, wenn er sich im Hinblick auf das "griechische Land" bezeichnet als "seiner Leiden und Hoffnungen Mitfühlenden". Man sollte wahrhaftig einem Mann gegenüber Gerechtigkeit widerfahren lassen, der, von ehrlicher Begeisterung für die Sache der Griechen getragen, auf Vermittlung und Ausgleich im Hinblick auf das in seinem Staat herrschende Prinzip bedacht sein mußte, und dies wahrhaftig nicht zum Schaden der Griechen, sondern letztlich in ihrem Interesse und zu ihrem Nutzen.

Anmerkungen

Vorbemerkung:

Alle Stellen aus Gedichten – mit Ausnahme der beiden auf S. 77 – finden sich im jeweiligen Zusammenhang im Gedichtband (6, Stuttgart 1844) von: Ritter Anton von Prokesch-

Osten, Kleine Schriften. Gesammelt von einem Freunde, S. 97-101, 104, 111-114 ("Delos"), 130-133 ("Creta"), 136-142 (die Wechselgesänge), 157-164 ("Athen") sowie S. 190f. ("Am Bosphor") und 256 ("Jonisches Meer"). (*Abgekürzt:* KS)
Die beiden anderen Gedichtstellen (S. 77) entstammen den "Denkwürdigkeiten und Erinnerungen aus dem Orient, vom Ritter Prokesch von Osten. Aus Jul. Schnellers Nachlaß herausgegeben von Dr. Ernst Münch", Band 1 (Stuttgart 1836), S. 48 und 51f.; ebenso finden sich dort die hier S. 77 ausgeschriebenen beiden Prosastellen auf S. 46f., während der Hinweis auf S. 78 sich auf Band 2 (ebenfalls Stuttgart 1836), S. 372 bezieht. (*Abgekürzt:* DW)
Zum "Briefwechsel zwischen Julius Schneller und seinem Pflegsohne Prokesch. Aus Schnellers hinterlassenen Papieren herausgegeben von Ernst Münch" (Zweite Ausgabe Stuttgart 1840, = Julius Schneller's hinterlassene Werke. Aus Auftrag und zum Besten seiner Familie herausgegeben von Ernst Münch, Zweiter Band) gehören die auf S. 77 und 88 befindlichen Zitate (oder Hinweise); ihre Fundorte (oder Bezugsstellen): S. 82f. bzw. 109f. mit 313 – dazu 52 (Adressat) – sowie 323.

Sonstiges:

1 Zur Identifizierung dieser Lokalität s. Johanna Schmidt in: Realencyclopädie der classischen Altertumswissenschaft 18, 2. Hälfte (1949), Sp. 659f.
2 Friedrich Engel-Janosi: Die Jugend des Grafen Anton Prokesch-Osten, in: Mitteilungen des Österreichischen Instituts für Geschichtsforschung 49 (1935), S. 436 (= Die Jugendzeit des Grafen Prokesch von Osten. Innsbruck 1938, S. 44).
3 Ebda 424 (= Die Jugendzeit ..., S. 32).
4 Caroline Pichler: Sämmtliche Werke, 32. Bändchen (Wien 1829), S. 213.
5 Ebda 234.
6 Ebda 200-205. (Schwabs Dichtung steht in der Reclam-Gesamtausgabe der Gedichte S. 17f.)
7 Ebda 206.
8 Karl Mendelssohn Bartholdy: Geschichte Griechenlands von der Eroberung Konstantinopels durch die Türken im Jahre 1453 bis auf unsere Tage. Erster Theil (Leipzig 1870), S. 112.
9 Zum späten Zeitpunkt der Publikation der 6 Bände (Wien 1867) s. Verf.: 'Und nur das Wandern ist mein Ziel' Aus den griechischen Reise- und Zeitbildern des Grafen Prokesch von Osten. Graz-Wien-Köln 1978, S. 43f.
10 Karl Mendelssohn-Bartholdy: Die orientalische Politik des Fürsten Metternich, in: Historische Zeitschrift 9 (1867), S. 76.

Annette Rinn

Ursachen des britischen Philhellenismus, insbesondere am Beispiel von Frederick North, 5th Earl of Guilford

Der Philhellenismus im frühen 19. Jahrhundert ist ein Beispiel für das Zusammentreffen von Literatur und Tat. Eindrücke, die durch die Literatur seit dem 18. Jahrhundert entstanden waren, erweckten bestimmte Gefühle und Meinungen, und diese zogen Handlungen nach sich. Es wäre verfehlt, ein vielschichtiges, auch mit anderen ausländischen Faktoren verknüpftes historisches Ereignis wie die griechische Revolution nur auf einen britischen Nenner bringen zu wollen. Ich möchte nur hinweisen auf die russische Balkanpolitik und den Einfluß der Ideale der französischen Revolution. Der britische Philhellenismus verdient jedoch im Hinblick auf die Komplexität seiner Situation eine besondere Betrachtung, weil das britische Interesse an Griechenland von verschiedenen Faktoren verursacht wurde, die sich von den Ursachen des Philhellenismus in anderen Ländern unterscheiden.

Das Studium der griechischen und römischen antiken Dichter und der Sprache, in denen sie schrieben, bildete in Großbritannien lange den Kern des schulischen *curriculums*. Durch diese klassische Bildung verfügten Gelehrte, Schüler und Studenten über umfassende Kenntnisse der Antike.

Die *Grand Tour* war eine Bildungsreise im 18. und frühen 19. Jahrhundert für die Söhne der britischen Aristokratie, die nach Beendigung der Schule oder Universität zusammen mit einem Tutor ein oder zwei Jahre auf Reisen in die Hauptstädte Westeuropas geschickt wurden, um ihre Sprachkenntnisse zu vervollständigen und die Sitten anderer Völker kennenzulernen. In Europa herrschte ein relativer Frieden, und der ständig wachsende Wohlstand sowie die Macht Großbritanniens machten den reiselustigen Briten das Reisen auf dem Kontinent leichter. Griechenland bot bei der *Grand Tour* den Reiz von etwas Neuem. Es war noch nahe genug, dorthin zu gelangen, aber auch ausreichend entfernt, um exotisch zu sein und bot eine Spur von Gefahr, die das Abenteuer würzte. Es wurde zu einem Anliegen des britischen Adels, die Reisen zu erweitern und unbekannten klassischen Boden zu betreten.

Der *New Hellenism*, der sich im letzten Teil des 18. Jahrhunderts entwickelte, brachte Griechenland einen großen Teil der Begeisterung entgegen, die sich bislang auf Rom konzentriert hatte. Griechische Kultur wurde à la mode. Kunst, Archäologie, Geschichte, Philologie und Architektur hatten ein gemeinsames Interesse, und man war der Meinung, daß Rom in allen Arten der Kunst den antiken Griechen unterlegen war. Indem man die hellenische

Antike zum Inbegriff des Mustergültigen erhob, ebnete man der schulmäßigen und formalistischen Nachahmung den Weg. Viele britische Dichter, Maler, Bildhauer und Architekten nahmen die antiken Vorbilder, die sorgfältig studiert und mit fast peinlicher Genauigkeit imitiert wurden, als Schönheitsmaßstäbe. Es herrschte eine fast generelle Übereinstimmung darüber, daß die Einfachheit, die alle Menschen mit Geschmack bewunderten, nirgendwo besser als in antiken griechischen Statuen in Erscheinung träte. Griechenland war zu einem neuen Brennpunkt der Aufmerksamkeit für klassische Studien geworden. Der *New Hellenism* im späten 18. Jahrhundert, der durch die Nachforschungen begeisterter Altertumsforscher angefacht worden war, belegte den Begriff "griechisch" mit emotionalem Gehalt und ist als einer der Hintergründe des britischen Philhellenismus im frühen 19. Jahrhundert anzusehen.

Die Bedeutung der britischen Philhellenen ist unerreicht. Namen wie z.B. Lord Byron, Frank Abney Hastings, Thomas Gordon, George Finlay und Frederick North sind in Griechenland unsterblich geworden, weil diese Männer – wenn auch aus unterschiedlichen politischen und persönlichen Motiven – einen wichtigen Beitrag zur Erlangung der Unabhängigkeit des neugriechischen Staates geleistet haben.

Dieses Referat beschäftigt sich speziell mit Frederick North, dem 5. Earl of Guilford, der zu seiner Zeit oft als Exzentriker angesehen wurde und noch heute von einigen so beurteilt wird. Mein verehrter Vorredner, Herr Professor Woodhouse, beschreibt Frederick North als einen der liebenswertesten und aufrichtigsten der Philhellenen, obgleich er niemals ein Frontkämpfter war und leider kurz vor dem Sieg von Navarino gestorben ist. Ich hoffe, mit meiner kürzlich begonnenen Doktorarbeit dazu beizutragen, daß vorgefaßte Meinungen über Frederick North, die häufig auf einen Mangel an Informationen zurückzuführen sind, revidiert werden können.

Bei den Nachforschungen für meine Arbeit bin ich unter anderem bei der ΑΝΑΓΝΩΣΤΙΚΗ ΕΤΑΙΡΙΑ ΚΕΡΚΥΡΑΣ, der Lesegellschaft von Korfu, auf umfangreiches, noch nicht wissenschaftlich ausgewertetes Material gestoßen. Die Lesegesellschaft hat im Sommer 1981 bei einer Versteigerung in London eine Reihe von Handschriften aus dem persönlichen Archiv Lord Guilfords erworben, die wesentlich dazu beitragen können, einen Abschnitt der Kulturgeschichte Korfus und darüberhinaus des gesamten modernen griechischen Staates zu erhellen. Aus diesen Unterlagen ergeben sich wertvolle Erkenntisse über die Tätigkeiten von Frederick North für die Verwirklichung seines Zieles, nämlich der Gründung der Ionischen Universität.

Nicht alles in dem ereignisreichen Leben von Frederick North ist im Zusammenhang mit den Belangen Griechenlands von Bedeutung. Nichtsdestotrotz war Griechenland für sein ganzes Leben, und speziell für seine späteren Lebensjahre, bestimmend.

Er wurde am 7. Februar 1766 als der dritte und jüngste Sohn des 2. Earl of Guilford geboren und in Eton und Christ Church, Oxford, ausgebildet. In Oxford wurde North zu einem vollendeten Hellenisten und enthusiastischen Philhellenen. Er bereiste bereits 1788 die Ionischen Inseln, eignete sich gute Kenntnisse der modernen griechischen Sprache an und wurde am 23. Januar 1791 in die griechisch-orthodoxe Kirche aufgenommen – zum Entsetzen seiner Familie, die ihn sofort zurück nach England beorderte. Sein Anliegen in Bezug auf Griechenland demonstrierte er auch mit seiner 1791 geschriebenen "gelehrten und geistreichen" Pindarischen Ode zu Ehren der Zarin Katharina II von Russland, von der einige Exemplare in Leipzig gedruckt wurden und die 1846 in Athen neu aufgelegt wurde.

Im Jahre 1792 wurde er Mitglied des britischen Unterhauses. 1798 bis 1805 war er Gouverneur von Ceylon und machte sich dort um das Finanz- und Bildungswesen verdient. 1817, kurz nach dem Ende der Napoleonischen Kriege, trat er die Nachfolge seines Bruders als der 5. Earl of Guilford an. Vorher jedoch, im Jahr 1811, war er nach Griechenland zurückgekehrt und 1814 wurde er zum Präsidenten der Gesellschaft der Philomusen in Athen gewählt. Er nahm die Ehre dieses Amtes an und bestätigte dies in einem Brief, der bemerkenswert für die Leidenschaft seines Philhellenismus ist.

Sofort nachdem die Briten am 9. November 1815 ihr Protektorat über die Ionischen Inseln errichtet hatten, tat sich Frederick North mit seinem Freund Graf Kapodistrias zusammen, um eine Ionische Universität zu gründen – ein Projekt, dem er den wesentlichen Teil seines restlichen Lebens widmete. Seine Arbeit für Griechenland konzentrierte sich fast ausschließlich auf die Ionischen Inseln im allgemeinen und das Projekt der Universität im besonderen, weil in den Jahren bis zu seinem Tod keine endgültige Anerkennung der politischen Einheit Gesamtgriechenlands erfolgte.

Als Frederick North seinen Kreuzzug für die Universitätsausbildung in Griechenland begann, war die griechische Revolution von 1821 noch nicht ausgebrochen, und seine erfolgreichsten Jahre in Griechenland, 1824 bis 1825, war die Zeit der Eroberungszüge von Ibrahim Pascha in der Morea. Er starb kurz vor der Schlacht von Navarino, am 14. Oktober 1827, also bevor die Frage der politischen Unabhängigkeit Griechenlands gelöst war.

Lord Guilfords Beitrag zum Gelingen der griechischen Sache im frühen 19. Jahrhundert kann jedoch niemals von den Begleitumständen, die zu der politischen Unabhängigkeit Griechenlands führten, getrennt werden. Dieser Beitrag bestand hauptsächlich in der Errichtung der Ionischen Universität. 1819 wurde er zum Rektor der geplanten Universität nominiert. Als Sitz der Universität wurde zunächst Ithaka bestimmt, später wurde für Korfu entschieden. Diese Entscheidung deckte sich mit dem Rat von Sir Thomas Maitland, dem damaligen britischen Hochkommissar, der Korfu als Hauptstadt der Ionischen Inseln ins Auge gefaßt hatte und keine Abstriche an seiner kulturellen oder politischen Vorherrschaft unterstützte. Am 29. Mai 1824 wurde die Ionische Universität auf Korfu mit vier Fakultäten, einem Professorat und Lord Guilford als Rektor eröffnet. Lord Guilford investierte einen großen Teil seines privaten Vermögens in dieses Projekt und lebte dort einige Jahre als der spiritus rector der Universität. Er begründete auch die Bibliothek, da Korfu zu dieser Zeit keinerlei büchermäßige Ausstattung für das höhere Bildungswesen hatte, und versorgte die Universität mit umfangreichen Büchersammlungen, Manuskripten und wissenschaftlichen Hilfsmitteln. Seine Großzügigkeit gegenüber der Ionischen Universität verursachte Widerspruch innerhalb seiner Familie in England, die, abgesehen von finanziellen Überlegungen, seine Lebensweise als unvereinbar mit dem Lebensstil des englischen Landadels empfand.

Das Projekt der Ionischen Universität war nicht unproblematisch. Korfu war damals eine vielsprachige Gemeinde, eine Zusammensetzung aus griechischen, italienischen, albanischen, französischen und britischen Elementen am Eingang zur Adria, die in einer seltsamen Mischung von intellektueller Begeisterung und politischen Debatten überschäumte. Für Korfu war 1824 die politische Zukunft sehr unsicher, und das bedeutete gleichfalls eine unsichere Zukunft für die neue Universität. Für eine stabile Universität fehlten sowohl Tradition als auch finanzielle Mittel. Es gab Meinungen, daß eine solche Universität unweigerlich in den Händen der Briten sein müßte und nachteilig für die Interessen Griechenlands wäre, indem sie von dem intellektuellen Prestige und der Vorherrschaft Athens ablenken könnte. Darüberhinaus fehlte der Ionischen Universität das Gewicht einer älteren Generation mit der ihr eigenen Bildung. Die Stimmen reichten von Zustimmung über spöttische Kritik bis zu strikter Ablehnung. Einige bezweifelten, daß Lord Guilfords visionäre akademische Ideen ausreichen würden, um aus jungen Männern nützliche Staatsbürger zu machen.[2]

Lord Guilford mußte gegen die politischen Eifersüchteleien und Verdächtigungen ankämpfen, die in der damaligen Gesellschaft der Ionischen Inseln verbreitet waren. Vor diesem Hintergrund ist es nicht verwunderlich, daß sein Projekt die Abtretung der Ionischen Inseln an Griechenland nicht überlebte, sondern es ist erstaunlich, daß er zwischen 1819 und 1827 soviel zu dessen nützlicher und sinnvoller Erfüllung tun konnte. Dabei kam ihm der starke intellektuelle und kulturelle Hintergrund der Ionischen Inseln zugute, denn schließlich waren die Ionischen Inseln vor, während und nach der britischen Besetzung das anerkannte Tor nach Griechenland und wurden als solches von den Bildungsreisenden wie auch von militanten Abenteurern benutzt. Lord

Guilford sah die Ionischen Inseln 1824 nicht als ein britisches Besitztum an, ja nicht einmal als kosmopolitische Gemeinde, die mit den wahren Interessen Griechenlands wenig zu tun hatte. Sie gehörten seiner Meinung nach untrennbar zum griechischen Festland, und seine geplante Universität, so unstabil und einfach sie war, verkörperte das, was für ihn der griechische Geist war: in Wissenschaft und Kunst kreativ und hinterfragend.

Lord Guilford als Mensch war ein ausgezeichneter Redner und Linguist. Er sprach und schrieb in deutsch, französisch, spanisch, italienisch und griechisch, konnte russisch lesen und bewahrte sich während seines ganzen Lebens seine Vertrautheit mit den Klassikern. Er repräsentierte das literarische und kulturelle Vermächtnis der anglo-griechischen Beziehungen, die sich lange vor den politischen Manifestationen des griechischen Unabhängigkeitskrieges entwickelt hatten. Er blieb während seines bewegten Lebens seinen frühen Konzepten von Griechenland als einer literarischen und kulturellen Frage treu und stellte nicht die politische und wirtschaftliche Frage voran. Hierin unterschied er sich grundsätzlich von den meisten anderen britischen Philhellenen, deren militärische und politische Ambitionen als Hauptmotiv für ihren Einsatz in Griechenland anzusehen sind.

Bereits bei seiner ersten Reise nach Griechenland unterschied sich die Haltung von Frederick North gegenüber den modernen Griechen von der der anderen Griechenlandreisenden dieser Zeit, die das Land in ihrer Traumwelt durchwanderten und blind waren gegenüber dem, was dort seit dem 4. Jahrhundert geschehen war. Viele von ihnen waren so stark in ihre gelehrten Träume eingesponnen, daß sie die modernen Bewohner Griechenlands kaum wahrnahmen, oder nur zu dem Zweck, in ihren geistigen Vorstellungen Paralellen zur Antike zu ziehen. Der Geist, in dem sich gebildete Menschen dieser Epoche Griechenland näherten, folgte den Spuren der klassichen Antike, die sie hier begehen konnten. Wie Professor Woodhouse schreibt, muß es für viele dieser Touristen tatsächlich überraschend gewesen sein, daß Griechenland überhaupt von Griechen bewohnt wurde, deren Sprache sich von der des alten Hellas, wie sie in den Privatschulen und ehrwürdigen Universitäten gelehrt wurde, unterschied. Sie liebten das Griechenland ihrer Träume, die Landschaft, die alte Sprache und die Antiquitäten, aber nicht das moderne griechische Volk. Sie schienen zu wünschen, daß die Griechen mehr britischen Gelehrten und *gentlemen* entsprechen oder doch zumindest mehr Ähnlichkeit mit ihren erhabenen Vorfahren aufweisen sollten.[3] Die Abstammung der modernen von den alten Griechen wurde bezweifelt, ihre Sprache verlacht, und die Tatsache, daß sie ein christliches Volk unter heidnischer Regierung waren, erweckte nur geringe Teilnahme.

Bei Frederick North basierte, ähnlich wie bei Lord Byron, die Zuneigung zu Griechenland nicht auf sentimentaler Verherrlichung, sondern auf realistischer Einschätzung der modernen Griechen. Im Gegensatz zu vielen anderen Philhellenen zog er sich nicht zurück, als er mit der Realität konfrontiert wurde. Seine Art, mit dieser Realität umzugehen, ist jedoch in der Literatur nicht unumstritten.

In vielen Publikationen über die Entwicklung Griechenlands im 19. Jahrhundert wird auf seine Angewohnheit hingewiesen, sich in antike griechische Gewänder zu kleiden:

> Angetan mit einem Gewand, von dem er glaubte, daß es Platos Kleidung entspräche, das Haar in ein goldenes Netz gebunden, pflegte er Oden von Pindar vor den Söhnen von Häuptlingen aus dem Epirus zu rezitieren; die Schüler saßen verwirrt im Kreise um ihn her und waren mit Petasos und Chlamys, mit Schirmhut und antikem Männermantel, bekleidet. Die Erzählungen von diesen akademischen Bräuchen trugen viel dazu bei, den Philhellenismus in Europa lächerlich zu machen.[4]

Wenn die Art seines Philhellenismus auch umstritten ist, kann jedoch weder an seiner Ehrlichkeit noch an seiner leidenschaftlichen Zuneigung zu den Griechen Zweifel bestehen.

Wenn es Lord Guilford möglich gewesen wäre, die Ionische Universität in den späteren Jahrzehnten des 19. Jahrhunderts zu errichten, wäre ihr wahrscheinlich ein besseres Schicksal vergönnt gewesen, denn in diesen späteren Jahren wäre Korfu definitiv als griechisches Gebiet etabliert gewesen und die politischen Intrigen hätten kulturellen und intellektuellen Diskussionen Platz gemacht, die für den Zweck und die Zielsetzung einer einflußreichen Universität einen idealen Hintergrund gebildet hätten. Tatsächlich arbeitete Lord Guilford tapfer und aufopfernd für seinen Traum einer Ionischen Universität, jedoch unter den gegenläufigen und nachteiligen Umständen der politischen Unsicherheiten und Kämpfe. Man kann davon ausgehen, daß die praktische Verkörperung wie auch der zugrundeliegende Geist fast ausschließlich auf ihn zurückzuführen sind. In jedem Fall hat er die Ionische Universität als ihr erster Rektor zu dem gemacht, was sie war: ein mutiges Unternehmen, das unter Schwierigkeiten aufgebaut wurde und wuchs, gelehrt, verantwortlich, elitär und anspruchsvoll, aber den Bedürfnissen der Bevölkerung angepaßt, soweit dies die Mittel erlaubten.

Anmerkungen

1 Vgl. C.M. Woodhouse, The Philhellenes (London 1969), S. 142.
2 Vgl. Henry Jervis-White, History of the Island of Corfu (London 1852), S. 236.

3 Vgl. C.M. Woodhouse, The Philhellenes (London), S. 24-27.
4 Harold Nicholson, Byron – the last Journey (London 1924), hier: Übersetzung von Theodor A. Knust (Bremen 1947), S. 131.

Bjarne Schartau

Dänische philhellenische Verfasser der Romantik

Wenn ich in der nächsten halben Stunde versuchen möchte Ihnen etwas über dänische philhellenische Verfasser in der ersten Hälfte des 19. Jahrhunderts zu erzählen, dann geschieht dies zunächst nicht ohne erhebliche Vorbehalte. Ich bin mir voll und ganz bewußt, daß ich mich gerade in Bezug auf dänische Verhältnisse dazu gezwungen sehe, die Termini "philhellenisch" und "Philhellenismus" in einem weiteren, und gewiß weit unpolitischeren Sinne als üblich zu verstehen, denn sonst gäbe es kaum etwas vernünftigeres zu tun, als das Rednerpult sofort wieder zu verlassen. Kurzum; wir Dänen haben keine tatkräftigen Helden aufzuweisen, die nach dem um seine Befreiung ringenden Hellas gereist, für die Freiheitsideale kämpfend gefallen oder wenigstens, wie etwa Lord Byron, auf griechischem Boden nach aktiver Teilnahme am politischen Geschehen ihr Leben beendet haben.

Auch besitzen wir in den ersten Phasen des Befreiungskampfes kaum Leute, Dichter und andere Intellektuelle, die sich in ihrem Schrifttum unzweideutig zur Seite der kämpfenden Hellenen sozusagen mit moralischer Unterstützung in der Form von flammenden Appellen, tiefdringenden Analysen oder politischen Ratschlägen gestellt haben.

Die Ober- und Mittelschichten, zu denen die meisten Intellektuellen natürlich gehörten, befanden sich noch wenige Jahre vor den entscheidenden Ereignissen um das Jahr 1848, die letzten Endes auch Dänemark eine sogenannt "freie" Verfassung verschafft haben, fast ausnahmslos im Banne des Absolutismus, und diese konservative Haltung hat unvermeidlich ihre Einschätzung des Zeitgeschehens, so auch etwa des fernen und ziemlich exotischen Freiheitskampfes der Hellenen weitegehend beeinflußt.

Trotzdem ist es wohl möglich, ja sogar berechtigt, von einem erheblichen intellektuellen Philhellenismus und einem aufblühenden Interesse für das Griechentum gerade in der Zeit um 1821 auch in Dänemark zu sprechen.

In den maßgeblichen modernen Anthologien dänischer Lyrik, wie etwa der zweibändigen Ausgabe vom Dichter und Akademiemitglied, Dr. Thorkild Bjørnvig[1], wird man vergebens nach Anklängen des griechischen Freiheitskampfes suchen, was wenigstens so viel besagt, daß Dr. Bjørnvig eventuelle Erzeugnisse dänischer Dichter der Romantik in diesem Bereich, sollte es überhaupt solche geben, nicht als aufnahmewürdig befunden hat.

Und doch hat gerade ein Lyriker, der natürlich weit mehr als schlechthin Lyriker war, eine nicht unbedeutende Inspiration in einem griechischen

99

Material gefunden. Das Multi-Talent N.F.S. Grundtvig (1783-1872), als Theologe, Historiker, Politiker, Kulturphilosoph und nicht zuletzt als Gründer der Volkshochschulbewegung weit über die Grenzen seines kleinen Vaterlandes bekannt, hat sich in für einen evangelischen Theologen ungewöhnlich hohem Ausmaße von den Texten des Griechisch-Orthodoxen Gottesdienst für sein eigenes Schaffen als Psalmendichter inspirieren lassen. Etwa 38 Texte sind von Grundtvig ins Dänische übersetzt und auf seine übliche, sehr persönliche, Weise in modernen metrischen Formen umgestaltet worden.[2]

Auch sonst hat sich Grundtvig, der an sich kein Philhellene war, für das Griechentum interessiert, und zu seinen kuriöseren Gedanken gehört sein Vorschlag gerade dem Neugriechischen – also der einfacheren zeitgenössischen Form des unübertroffenen Altgriechischen – den Rang einer universalen Weltsprache zuzusprechen!

Wenden wir uns aber jetzt an die Prosaautoren, die uns mehr substantielles und unserem Themenkreis angehörigeres Material darzubieten vermögen.

Der berühmte Archäologe Peter Oluf Brønsted[3] ist 1780 als Sohn einer aristokratisch-großbürgerlichen Familie geboren. Nach umfassender Akademischer Ausbildung in der Kopenhagener Universität (Preisabhandlung, philosophischer Dissertation) begibt er sich am 1. August 1806, begleitet von seinem Freund, dem Philologen Georg Koes, auf eine Studienreise, deren Endziel das ferne und primitive, turkokratierte Griechenland ist. In Paris, wo die beiden bis etwa Mitte 1809 verbleiben, haben sie drei weitere junge Wissenschaftler als Expeditionsteilnehmer gewonnen. Dort hat auch Brønsted, der schon mit sehr guten Kenntnissen des Altgriechischen ausgestattet ist, bei dem berühmten Adamantios Korais "Neugriechisch" studiert. D.h. also daß seine erste Begegnung mit der modernen griechischen Sprache in der spezifischen Form des Koraismus stattgefunden haben muß. Doch, späterhin, in Griechenland, ist er mit diesen Sprachkenntnissen nicht weit gekommen. Er hat dann eine neugriechische Übersetzung der 1001 Nacht sowie eine ngr. Paraphrase des NT gelesen, und hat dabei innerhalb einer Woche mehr Neugriechisch als bei dem gelehrten Pariser Griechen über ein halbes Jahr gelernt.

Über Italien und Korfu trifft man am 14. September 1810 in Athen ein.

In Griechenland und der Levante hat Brønsted mehr als drei Jahre, von 1810 bis 1813 verbracht. Er scheint fast überall gewesen zu sein, auch auf den Inseln.

Erst am 18. September 1813 setzt er wieder seinen Fuß auf dänischen Boden.

Natürlich war Brønsteds Hauptanliegen das klassische Altertum, und wie mancher Griechenlandfahrer, auch unter den Philhellenen, hat er die zeitgenössischen Griechen als ein Hindernis für die Aneignung des klassischen Altertums betrachtet.

Über die Beweggründe für seine Expedition hat Brönsted die folgenden, sehr aufschlußreichen Worte, die wohl eben so "philhellenisch" wie die Aussagen manches eigentlichen Philhellenen klingen, geschrieben:

"Die Unbequemlichkeiten, denen sich der Reisende in einem solchen Lande und unter solchen Leuten aussetzt, die vielerlei Entbehrungen und Unzulänglichkeiten, die er unvermeidlich fast überall in Griechenland zu erdulden hat, vorausgesetzt daß er nicht sehr viel Geld für seine Reise aufwenden kann, sowie jegliche andere Unbehagen, denen er ausgesetzt ist, werden von keiner Eigenschaft mehr erleichtert als vom tiefen innerlichen Enthusiasmus für das Altertum und dessen herrlichen Denkmäler, und von einer in seinem Gemüt gut und kräftig verwurzelter Liebe zum Genius der Hellenen, aus deren reichen und tiefen Quellen zuerst alle jene Bäche und Ströme erquollen sind, welche den Baum des Wissens, wessen Schatten und liebliche Früchte schon jahrhundertelang die Völker des Abendlandes erquicken, wohltätig befruchtet haben. Ein derartiger Enthusiasmus für das Altertum und die Wissensquellen, die es darbietet, in Verbindung mit einem erwachten Sinne für die Schönheit und die Grandiosität der Natur, welche wahrlich nicht veraltet ist, liefern den besten Talisman gegen jede Unbequemlichkeit auf einer Reise ..."

Brönsted kritisiert zwar die zeitgenössischen Griechen, manchmal aber nicht ohne Humor.

Um nur ein Beispiel zu erwähnen:

"Ich glaube nicht, daß ich zuviel sage, wenn ich behaupte, daß es im heutigen Athen kaum einen einzigen Einwohner gäbe, der nicht gern, herzensgern, den Parthenon oder das Theseum an irgendwelchen Fremden zum Mitnehmen – wäre es nur möglich – verkaufen würde, könnte er bloß das Geld in die eigene Tasche stecken."

Es ist dabei zu vermerken, daß Brønsted viele zeitgenössischen Vorurteile geteilt hat. Er war zu viel Aristokrat, um die Lebensweise der einfachen Menschen verstehen zu können. Wenn aber diese Menschen sich für die großen Ideen begeistern, sympathisiert Brönsted unbedingt mit ihnen und steht voll und ganz auf ihrer Seite. D.h. er kennt nur die Ebenbürtigkeit des modernen griechischen Volkes mit den alten Hellenen an, wenn es für seine Freiheit kämpft, und für eine Idee eintritt. Deswegen ist er Feuer und Flamme für den griechischen Befreiungskrieg und hat daraus kein Hehl gemacht.

In 1823 schrieb er u.a. die folgenden Zeilen:

"Wenn gewisse Leute in dieser Zeit von den Griechen sagen, sie seien verdorben und viel zu schlecht um ihre Freiheit zu verdienen und die Barbaren, die sie schon vier Jahrhunderte lang tyrannisieren, zu entfliehen, dann kommt mir eine solche Rede fast so vor, als würde man zuraten ein edles Pferd, das bei unrichtiger Behandlung entartet ist, an einen Fiakerkutscher oder einen Postreiter zu schicken, damit sie es erziehen können. Ich meine, daß die richtige Stelle zu Erziehung der Pferde die Reitschule, und die richtige Stelle zur Erziehung des Menschen der Staat ist. Wohlan, gibt doch den Griechen einen Staat, damit sie, falls sie verdorben sind, sich verbessern können. Die Tyrannei taugt nicht für die Erziehung der Pferde, und gar nicht für die der Menschen."

Diese Haltung hat ihm zunächst die Gunst des königlichen Hauses gekostet. Brønsted war damals offizieller Vertreter des dänischen Hofes bei der Kurie, und der König Friedrich VI (1808-1839) hat promptim seine Gesandtengehälter eingezogen. Brönsted protestierte natürlich in einem Brief an den Monarchen, der danach wieder seine Gagen auszahlen ließ.

Die wissenschaftlichen Ergebnisse Brønsteds wurden noch zu seinen Lebzeiten in kostspieligen Publikationen veröffentlicht.

Seine Reisebeschreibungen (in dänischer Sprache) liegen in zwei Bänden vor.[4]

P.O. Brønsted ist als rector magnificus der Kopenhager Universität, den 26. Juni 1842 an den Folgen eines Reiterunfalles verschieden.

Doch, bevor wir ihn verlassen, hören wir noch ein kurzes, dafür aber sehr repräsentatives Zitat aus seiner Griechenland-Darstellung.

Es geht um den griechischen Volkscharakter:

"Die Unruhe, die persönliche Eitelkeit, die Eifersucht und Ungunst, die Leichtsinnigkeit und Leichtgläubigkeit, die kindische Inkonsequenz, die in so hohem Grad bei den gegenwärtigen Griechen, sogar bei den liebenswürdigsten derer, auffallen, und jeglichen kräftigen Zusammenhalt verhindern, und sie jetzt zum Spott und einer leichten Beute für die Türken wie weiland für die Römer, ja für jede Nation, die mehr Energie des Gemüts und des Willens besitzt, machen – die negativen Seiten sind ein Vermächtnis ihrer Väter, bei denen wir nur deswegen das Negative weniger gespürt haben, weil die herrlichen positiven Eigenschaften, Tugenden und glänzende Verdienste jene gebändigt haben. Doch die Meinung, die sich in manchen oberflächlichen Büchern findet, daß die Tyrannei der Türken die Griechen verdorben hat, ist meines Erachtens reiner Irrtum, ein wahres Hysteron proteron. Man kehre den Satz um, und erst dann wird er wahr: Die Tyrannei der Türken ist durch die Verdorbenheit der Griechen verursacht, oder: weil die Griechen verdorben waren, deswegen sind sie unter das Türkenjoch geraten."

Es ist angebracht diesem Zitat ein entsprechendes aus dem Griechenland-Buch J.F. Fengers aus dem Jahr 1832[5] – und also damit um 20 Jahre jünger als Brønsteds Text – gegenüberzustellen. Man merke übrigens, daß sich Fenger selbst ausdrücklich als Philhellene bezeichnet:

"Die idealen Vorstellungen, die man sich von den Griechen am Anfang ihres Freiheitskampfes gegen die Türken gemacht hat, und die viele zur Teilnahme entflammt haben, werden wohl nirgendwo noch gehegt; viele sind aber seither zur entgegengesetzten Äußerlichkeit gegangen, und haben sie als einen Abschaum der Menschheit, der keine Hilfe und Teilnahme verdiene, geschildert. Dies ist gewiß in hohem Maße unrecht. Die Griechen sind eine verkommene und in mancher Hinsicht, aber nicht in Grund und Boden verdorbene Nation; denn ihre Augen sind der Verdorbenheit gegenüber offen, und sie strebt kräftig nach etwas besserem. Möge nun der Sauerteig des Christentums ihre Masse durchdringen, dann würden wir gewiß in Griechenland etwas zum Sehen bekommen, das unseren Augen ein Wunder sein würde. Die Betrachtung des griechischen Volkes hat mir, betreffs der Erfüllung dieses Wunsches eine gewisse Hoffnung gegeben. Möge sie nicht beschämt werden! Bin ich doch in Griechenland beschupt, belogen und ausgeplündert worden, ebenso gut wie die übrigen, die Ach und Wehe über die Nation gerufen haben, und doch bin ich, weit mehr Philhellene als bei meiner Abreise, zurückgekehrt, und die Teilnahme, die ich für dieses unglückliche Volk gefaßt habe, wird sicherlich nimmermehr in meinem Busen aussterben."

Johannes Ferdinand Fenger ist 1805 geboren.[6] Er gehört also der Generation nach Brønsted an. Der hochbegabte und ambitiöse junge theologische Licentiat (er hat also eine Doktorarbeit, eine Dissertation verfaßt und eingereicht) hat sich ein Jahr als "Stipendiat" in Griechenland aufgehalten, und nach seinem Rückkehr in die Heimat ein Buch voller scharfsinniger Beobachtungen und Reflexionen über Griechenland und die Griechen veröffentlicht. In den Jahren 1832-33 hat er u.a. über neugriechische Poesie – gewiß als erster in diesem Bereich – in der Universität Kopenhagen Vorlesungen gehalten. In den fünfziger Jahren bewarb er sich vergebens um einen Posten als Professor ord. der Theologie an der Universität. Fenger ist 1861 als ein gewissenhafter und beliebter Pfarrer gestorben.

Sie kennen alle den Namen von Hans Christian Andersen (1805-75) – nebst dem Religionsphilosophen Søren Aabye Kierkegaard (1813-55) dem einzigen dänischen Schriftsteller wirklichen Weltruhms.

Es ist Ihnen vielleicht ebenfalls bekannt, daß der zu Kopenhagener gewordene Proletarier-Knabe aus Odense nicht nur seine in fast alle Sprachen übersetzten Märchen, sondern auch viele Gedichte, eine Reihe von nicht unbedeutenden Romanen und Novellensammlungen, sowie, teilweise sogar sehr, interessanten Reisebeschreibungen verfaßte.

Tatsächlich war Andersen zu Lebzeiten, wenigstens viele Jahre lang, weit bekannter als Romancier wie als Märchendichter. Als Reiseverfasser, oder besser; als reisender Schilderer des europäischen Zeitgeschehens, gebührt ihm ein vornehmer Rang unter den ersten Journalisten im modernen Sinne dieses Begriffes.

Obwohl nicht außergewöhnlich Sprachbegabt, hat er – oftmals mehr intuitiv als per rationem – in seltenem Ausmaß verstanden seine präzisen Beobachtungen zu machen, und daraus seine ebenso treffenden wie überraschenden Schlußfolgerungen zu ziehen. Als Dichter stand er selbstverständlich noch im Banne der Romantik, aber als Beobachter geht er halt weit über die zeitlichen und eigenen Voraussetzungen hinaus. Nichts wäre weniger angebracht als gerade Andersen irgendwelche Naivität vorzuwerfen; dafür war er viel zu scharfsinnig und eigentlich auch viel zu intelligent. Die "Naivität" gehörte zu seiner äußeren Form: er hat eine Rolle gespielt, von der er sehr früh hatte erfahren müssen, daß sie ausgerechnet in seinem Fall fast immer zu günstigen Ergebnissen geführt habe. In der Tat besaß er eine ganz andere, weit kompliziertere und zusammengesetztere Persönlichkeit. "Ein Fall für den Psychiater", vielleicht; aber wer unten den größten der Literatur und Kunst wäre nicht das gewesen?

Andersens Reise, die ihn u.a. nach Griechenland und der Levante brachte, dauerte vom 31. Oktober 1840 bis zum 22. Juli des folgenden Jahres. Über München kommt nach Rom, wo er etwa zwei Monate verweilt. Von Neapel fährt er (im März) mit dem Schiff über Syros nach Athen, wovon er bis Konstantinopel fortsetzt und über das Schwarze Meer und die Donau am 4. Juni 1841 in Wien eintrifft. 1 1/2 Monate später ist er in Dänemark zurück.

Während seines Griechenland-Aufenthaltes trifft er nicht nur mit den Mitgliedern, der recht zahlreichen dänischen Kolonie zusammen, sondern verbringt auch ziemlich viel Zeit in der Gesellschaft des österreichischen Ministers, des Dichters Anton Prokesch von Osten, dem er ein ganzes Kapitel seiner Darstellung widmet (XIII, 203-206), und er wird in Privat-Audienz beim Königspaar empfangen.

Sein Buch "Der Bazar eines Dichters", worin die Griechenland-Schilderung, erscheint am 30. April 1842 in Kopenhagen.[7]

Die Griechenland-Darstellung umfaßt 62 Seiten (157-219 der Ausgabe 1944) und ist auf 16 Abschnitten verteilt.

Selbstverständlich werden wir hier nicht eine so relativ umfassende Beschreibung in Einzelheiten verfolgen und ein nur annähernd deckendes Bild der Andersenschen Vielfältigkeit und schriftstellerischer Virtuosität geben können. Insbesondere seine Naturschilderungen (passim) sowie das berühmte Akropolis-Kapitel (Kap. V) wären hervorzuheben. Wir müssen uns mit ein paar repräsentativen ausführlicheren Zitaten begnügen.

Schon seine ersten Eindrücke der neuen griechischen Reichshauptstadt vermögt Andersen meisterhaft festzuhalten, und aus seinen Feststellungen spricht gewiß nicht nur der romantische Dichter (172 & 173):

"Die entsetzlichen Schilderungen, die man mir zu Neapel von Griechenland und insbesondere von Athen gegeben hat, fand ich ins Lächerliche übertrieben; ich glaube gern, daß sich noch vor sechs oder sieben Jahren alles hier im schrecklichsten Elend befunden hat, man muß sich aber erinnern, was ein einziges Jahr für ein Land wie Griechenland bedeutet, die sich in einer Entwicklungsperiode wie kein zweites Land in Europa befindet. Es ist, als wenn man die bemerkenswerten geistigen Fortschritte bei dem Kind mit den weniger auffallenden bei dem erwachsenen Mann vergleichen würde; bei jenem sind sieben Monate fast wie sieben Jahre bei diesem. Athen kam mir so groß wie eine dänische Provinzstadt, wie etwa Helsingør, vor, und sah wie eine Stadt, die in größter Eile für einen Markt, der jetzt eben in vollem Gang ist, erbaut wurde, aus."

Und weiter:

"Athen ist eine Stadt, die mit jedem einzelnen Tag, wo sich der Fremde hier aufhält, zu wachsen scheint. Das neue Schloß des Königs erhebt sich zwischen der Stadt und dem Hymettos; --- die Universität befindet sich im Bau --- ein paar Kirchen und viele privaten Wohnungen für Minister und Kaufleute wachsen mit jeder Stunde, und wer sind die vielen Handwerker? Sie sind, so hat man mir erzählt, fast alle Griechen, es sind Bauern, Soldaten, Räuber, die zur Maurerkelle, zum Hammer und zur Säge gegriffen haben; sie haben die fremden Arbeiter ein wenig angeschaut, und gleich sind sie Maurer, Schmiede und Zimmerleute geworden. Die Griechen sind ein aufgewecktes Volk."

Über die vielbesungene Schönheit der Griechinnen hegt unser Dichter nicht allzu hohe Gedanken.

So etwa beim Theaterbesuch: "... hier waren etliche schöne Griechinnen, diese kamen, hat man mir gesagt, aus den Inseln, denn im selben Athen gäbe es nicht viele." (174) Und im Kapitel über die Freiheitsfeier (IX): "... die schönen Männer und Knaben waren recht eine Augenlust! Weiber sah man dagegen nicht viele, und die wir sahen, waren häßlich." (192).

Doch, eine griechische Frauengestalt hat die romantischen Augen des Dichters beeindruckt, und zwar jene Ekaterini Botsari, deren Bildnis sich in der berühmten "Schönheitsgallerie" König Ludwigs befindet. Zweimal (193-94) & (202-203) reitet sie durch die Erzählung, fast in der Gestalt einer Feen-Prinzessin: "... eine junge Frau zu Pferd, wir kennen sie schon, es ist die Tochter des Helden Marko Botsaris, die Hofdame der Königin; mit dem roten Fez auf den kohlenschwarzen Haaren, folgt sie, als der Schönheitsgenius Griechenlands, ihrer jungen Königin; die langen, dunklen Augenbrauen erheben sich wie seidene Fransen über die feuerigen Augen; sie ist schön in ihrem Flucht auf dem raschen Pferd, und schön, wenn sie ruht, damit man recht ihr Antlitz betrachten kann."

Für den konservativen Parvenü Andersen aus dem kleinen absolutistischen Dänemark um 1840, bildet die persönliche Audienz bei König Othon und seiner Gemahlin Amalia selbstverständlich den apoteotischen Höhepunkt seines Griechenland-Aufenthaltes. Seine Begeisterung kennt keine Grenzen. Alle seine Hoffnungen für die Zukunft Griechenlands knüpft er an diesen bayerischen "König der Hellenen":

"Ich glaube, daß das junge Königspaar von der Nation geliebt wird, ich habe mehrere Griechen ihre Namen mit Liebe und Begeisterung erwähnen gehört! Und sie verdienen es, ein Königspaar, so jung, so liebenswürdig! Es ist kein Glück in Griechenland zu herrschen; wie Viel haben sie nicht, um hier leben zu können, aufgeben müssen. Wie viele Sorgen sind nicht dieses Volkes und Landes wegen durch das Herz des Königs gegangen; wenn er einsam hier in einem zerstörten – klassischen Land, reich an großen Denkmälern, einsam bei einem Volk – ja, ich kenne es zu wenig um es beurteilen zu können, aber ich liebe dies Geschlecht nicht; die Türken haben mir weit mehr gefallen, sie waren ehrlich und gutmütig.

Möge Gott dem edlen König Otto Kraft und Ausdauer schenken!" (200).

Kann man nach der frappierenden Bemerkung über die Türken überhaupt Andersens Haltung als "philhellenisch" bezeichnen. Subjektiv vielleicht kaum. Objektiv aber sicher.

Seine im "Bazar eines Dichters" oft zur Schau gestellte Auffassung, daß die modernen Griechen ein Degenerat der antiken darbieten, wurde ja von fast allen damaligen Griechenlandfahrern, Freunden und Feinden, geteilt. Vergessen wir doch nicht, daß z.B. Fallmerayers Hauptwerk gerade 1830 zum ersten Mal erschienen ist!

Und wenn er ausgerechnet in Otto Wittelsbach den Erretter des griechischen Volkes und der griechischen Kultur sieht, drückt er halt nur eine Auffassung, die von vielen, Griechen wie Ausländern, vor 1843 vertreten wurde, aus.

Sein etwas "indirekter" Philhellenismus zeigt sich gerade in seiner Haltung zum einfachen Volk auf dem Lande, vor allem in der eigentümlichen, eingelegten, Novelle "Der Freundschaftspakt" (208-217). Ein unverfälschtes Stück Hochromantik, aber trotzdem schlicht und unsentimental.

Und natürlich verläßt der Dichter nur ungern, ja, wie er sagt "tief betrübt" Hellas' "klassischen Boden." "Ich komme wieder nach Griechenland, sagte ich, als ob ich mich selbst trösten wollte; mögen es prophetische Worte sein." (219).

Andersens Wunsch ist nicht mehr erfüllt worden.

Natürlich werden wir diesen Streifzug nicht beenden, ohne auch eine weibliche Stimme zu hören!

Frau Christiane Lüth, 1817 geborene Fischer, ist mit dem holsteinischen Theologen A.H.F. Lüth im Jahre 1838 verheiratet worden. Im folgenden Jahr wurde Lüth zum Hofpfarrer bei Königin Amalie in Athen ernannt, wo das Ehepaar die nächsten 13 Jahre verbrachte. Frau Lüth war eine ausgezeichnete Beobachterin und hat fast die ganze Athener Periode ausführliche Tagebücher geführt.

Ihrer Schilderung des Militäraufstandes 1843 entnehmen wir den folgenden, charakteristischen Passus:[8]

"Der Aufruhr sollte eigentlich erst später stattgefunden haben, als aber der König am Abend d. 2. September seinen Adjutanten, den Baron Steinsdorf zum Kriegsminister schickte und verlangte, daß die Kanonen als Verteidigungsmaßnahme ans Schloß gefahren würden, antwortete dieser, er habe eine andere Order zu gehorchen, und die Kanonen blieben, wo sie waren. Als der König diese Antwort bekam, konnte er den Rest erschließen, und nichts blieb übrig als die Katastrophe abzuwarten, die dann auch nicht lange auf sich warten ließ. Noch in derselben Nacht kamen die Kanonen, aber gewiß mit ihren Mündungen gegen das Schloß gerichtet. Uhlanen ritten die ganze Zeit um das Schloß herum, damit keiner entkäme, und das ganze Militaire war in drohender Haltung aufmarschiert, bereit, auf Befehl das Feuer zu eröffnen. Tausende von Menschen füllten den großen Platz und man hörte sie brüllen: Zito to syntagma! – es lebe die Konstitution – Zito to syntagma! Als dies angefangen hat, war es um 2 Uhr. Wir sind bei diesem Brüllen erwacht, und konnten im Mondschein die ganzen Wirren auf dem Schloßplatz und die Lunten, die schimmerten, bereit angesetzt zu werden, sehen. Es war keine angenehme Situation, in welcher man sich befand. Wir haben uns angezogen, unsere Türen mit Balken barrikadiert, und, um unser Leben so teuer wie möglich zu verkaufen, hat Lüth seine Büchsen geladen, um ein bißchen zur Verteidigung zu haben, sollte das Massaker jetzt losbrechen. Die Königin war die ganze Zeit beim König und sagte, es gäbe nur zwei Auswege: "Entweder unterschreiben oder entsagen." (Deutsch im Original). Zum Unterschreiben hatte er sehr wenig Lust. Er wußte aber, daß im selben Augenblick, wo er abdiziere, würde er und seine Gemahlin gewiß die Erlaubnis zur Abreise bekommen; wie es aber seinen noch treuen Dienern, den wenigen Hofoffizieren, die zurückgeblieben waren, gehen würde, konnte er nicht wissen. Es waren zu dieser Feierlichkeit so viele wild aussehende Bergbewohner bis an die Zähne bewaffnet in die Stadt gekommen, und sie sahen so aus als hätte man von ihnen allerlei erwarten müssen, da sie mehr Räubern als friedlichen Bauern glichen. Der König war davon überzeugt, daß sie im Trüben fischen wollten. Noch zögerte er sich für das eine oder das andere zu entschließen, und man darf halt hier noch die Geduld der temperamentvollen Griechen bewundern. Es hat bis zum Mittag 12.15 Uhr den 3. September gedauert, bevor er unterschrieben hat. Sehr wenige im Volk hatten irgendwelche Ahnung davon, was eine freie Verfassung im Grunde besagt. Die ganze Revolte wurde ja vom Obersten Kalergis, der sich eine höhere Charge als seine bisherige erwünschte, angezettelt."

Wollen wir zum Schluß eine Art Bilanz ziehen, wäre zunächst nochmals festzustellen, daß der Philhellenismus bei den dänischen Verfassern der Romantik eher einen passiven und indirekten als einen aktiven und direkten Niederschlag gefunden hat. Der dänische Beitrag zur Entwicklung des modernen Griechentums hat sich überwiegend in dem intellektuellen Bereich manifestiert. Die hervorragende Bedeutung der dänischen Architekten Brüder Hansen für das Athener Stadtbild ist allgemein bekannt; auch sind die Beiträge dänischer Archäologen zur Erforschung der, auch für das Nationalgefühl und – Bewußtsein der modernen Griechen, bedeutungsvollen Denkmäler der Antike nicht zu unterschätzen. Und mit den Ausnahmeleistungen im Bereich der schönen Literatur wie den Griechenland-Bildern des H.C. Andersen, aber gewiß auch den penetranten und klaren Analysen eines P.O Brønsteds und eines J.F. Fengers, haben dänische Schriftsteller einen keineswegs unbedeutenden Beitrag zur Griechenland-Auffassung vom Anfang des Befreiungskrieges bis zum Verfassungskampf und darüber hinaus geliefert.

Das mehr umfassende und allgemeinere dänische Griechenland-Interesse, das bis zum heutigen Tag anhält, hat erst vom 2. Hälfte des 19. Jhs. – von der Thronübernahme der Glücksburger zweifelsohne angeregt – eingesetzt. Eine stattliche Reihe von mehr oder weniger gelungenen dänischen Griechenland-Büchern, darunter auch ein Beitrag des späteren Nobel-Preisträgers Karl Gjellerup,[9] sind nach 1863 erschienen.

In unserem Jahrhundert sind die Namen dänischer Griechenland-Kenner wie die eines Frederik Poulsen, eines Wilhelm Grønbeck und eines Carsten Høeg, weit über unsere Grenzen bekannt und geachtet worden. Insbesondere der letzerwähnte kann mit Fug und Recht als Vater der modernen dänischen Neogräzistik gelten. Auch heute gehöhrt Griechenland, und das heißt überwiegend das zeitgenössische, nicht das "klassische" Hellas, zu den Lieblingsthemen und Inspirationsquellen dänischer Dichter, Maler, Bildhauer und Musiker. Aber das bleibt natürlich, um mit weiland Rudyard Kipling zu reden: "Eine andere Geschichte".

Anmerkungen:

Die Abschnitte über Brønsted, Fenger und Christiane Lüth basieren überwiegend auf der Einleitung und Textauswahl in *Græske Billender, Med danske forfattere og kunstnere i Grækenland*. Redigeret af Leo Hjortsø. Kopenhagen (Gyldendal), 1964.
Für die deutsche Übersetzung sowie die allgemeinen Schlußfolgerungen ist Referent selbstverständlich allein verantwortlich.
Wegen der beschränkten Kenntnis der dänischen Sprache außerhalb Dänemarks, sind die einschlägigen bibliographischen Hinweise auf ein Minimum beschränkt worden.

1 Dansk lyrik I-II. Udgivet med efterskrift af Thorkild Bjørnvig. Gyldendals Bibliotek 49-50. Kopenhagen, 1965.
2 Jörgen Elbeck, Grundtvig og de græske salmer. Studier fra sprog- og oldtidsforskning. Nr. 241. Kopenhagen, 1960.
3 Dansk Biografisk Leksikon IV (Kopenhagen, 1934), 295-302.
4 P.O. Brønsteds Reise in Grækenland i Aarene 1810-1813. Udgivet af N.B. Dorph. Kopenhagen, 1844.
5 J. Ferdinand Fenger, Om det nygræske Folk og Sprog. Erindringer fra en Reise i Grækenland i Aaret 1831. Kopenhagen, 1832.
6 Dansk Biografisk Leksikon V (Kopenhagen, 1936), 639-641.
7 H.C. Andersen, Romaner og Rejseskildringer. Bind VI. En digters Bazar udgivet af Knud Bögh. Kopenhagen (Gyldendal), 1944.
8 Christiane Lüth, Fra Fredensborg til Athen. Memoirer og Breve. Bd. 48. 1926.
9 Karl Gjellerup, En klassisk Maaned. Billeder og Stemninger fra en Grækenlandsrejse. Kopenhagen, 1884.

Wolf Seidl

"Der Teutschland half, wird Hellas retten!"

Ludwig I. von Bayern als philhellenischer Dichter

Zuruf an die Hellenen.

Im Sommer 1822.

Hellenen! kämpft den Kampf des Todes!
Verlassen von der ganzen Welt,
kämpft in der Glut des Abenrothes,
Das nun auf Hellas Trümmer fällt.

Da, wo die Kunft der Menschen blühte,
Des Schönen, Großen Vaterland,
Wo Weisheit wurde dem Gemühte,
Die Wissenschaft einst dem Vaterland;

Wo hell die Sonne aufgegangen,
Da soll jetzt werden ew'ge Nacht!
Es soll der Mond da blutig prangen,
Von wo das Licht zu uns gebracht!

Da, wo die frühsten Kirchen stehen,
Wo Paulus lehrte Christi Wort,
Da soll das Christenthum vergehen,
Vertilget werden jetzt durch Mord!

Was von den Vätern wir gelesen,
Vollbracht wir's die Söhne sehn;
Die hohen Thaten, die gewesen,
Vor unsern Augen neu erstehn.

Wir sehen sich es frisch gestalten,
Was die Bewunderung erregt;
Hellenen! ihr seyd noch die Alten,
Von hehrem Freyheitssinn bewegt.

Verzaget nicht, ihr Heldensöhne,
Wenn euch Vernichtung jetzo droht!
Ihr lebet fort im Reich der Töne,
Die Freyheit lebet in dem Tod.

Die Hölle jauchzt, die Engel trauern,
Es seufzt, gehemmt, die Menschheit mit,
Es jubelt in der Schlösser Mauern,
Weil Hellas der Barbar zertritt.

Verzweifelt nicht, wenn selbst verschwunden
Der Hoffnung letzter Strahl erscheint,
Wenn Hülfe nur der Feind gefunden,
Man euch selbst Menschlichkeit verneint.

Der Teutschland half, wird Hellas retten;
Die Fürsten brachen nicht das Joch,
Zersprengen wird Er eure Ketten,
Der Allgewalt'ge lebet noch.

Im Sommer 1822 ist dieser "Zuruf an die Hellenen" geschrieben, ein Jahr nach dem Ausbruch des griechischen Befreiungskrieges, als sich nach spektakulären Anfangserfolgen Niederlagen und Krisen häuften.

Gedichtet hat dies keineswegs ein Revolutionär, sondern ein legitimer Fürst: Ludwig, der Kronprinz Bayerns.

Das war alles andere als selbstverständlich.

Wie sah die politische Lage damals in Europa aus?

Napoleon hatte man soeben geschlagen, die revolutionären Ideen, schwierig genug, niedergekämpft. So gründeten die Sieger die "Heilige Allianz" zur Bewahrung der bestehenden Zustände. Ein Aufstand in diesem Augenblick kam reichlich ungelegen. Doch in den türkischen Provinzen Moldau und Walachei (etwa dem heutigen Rumänien) und auf dem Peloponnes erhoben sich Griechen gegen die osmanische Herrschaft.

Die Fürsten Europas, allen voran Zar Alexander und Fürst Metternich erklärten sofort, daß der Sultan der gottgewollte Herrscher der Hellenen sei, dem sich die Griechen selbstverständlich zu unterwerfen hätten.

Noch 1828 stellte Zar Nikolaus, der Nachfolger Alexanders fest: "Ich verwünsche, ich verabscheue die Griechen, obwohl sie meine Glaubensgenossen sind. Sie haben sich schauderhaft, verbrecherisch und verwerflich benommen. Ich betrachte sie stets nur als Untertanen, die sich in offener Revolte gegen ihren legitimen Souverän befinden. Ich will ihre Befreiung nicht, sie verdienen sie nicht, und es wäre ein höchst verderbliches Beispiel für alle anderen Länder, wenn es ihnen gelänge, einen freien Staat zu gründen."

Wie kam nun Ludwig dazu, sich auf die Seite der Aufständischen zu stellen? War er doch ein Repräsentant des Establishments – wie wir heute sagen würden –, jener Schicht, die von den Zuständen lebte, die der Wiener Kongreß geschaffen hatte.

Nun, der junge Kronprinz hatte etwas zuviel Homer gelsen; er schwärmte von den großen Gestalten der Antike; ihm waren Ideen Realität und was Europa Homer und Pindar, Platon und Aristoteles, Aischylos und Sophokles, Perikles und Phidias verdankte, das sollte es nun den Ypsilantis und Mavrokordatos, den Kolokotronis und Mavromichalis zurückzahlen, jener merkwürdigen Gesellschaft von Phanarioten und Klephten, Fürsten, Bischöfen und Banditen, die sich anschickten, die vierhundertjährige türkische Herrschaft abzuschütteln.

> Vaterland der herrlich größten Helden,
> Thron der ewig unerreichten Kunst,
> Ewig hohes Vorbild allen Welten,
> Reichgeschmückt mit der Musen Gunst,
> Du, der edlern Menschheit treue Wiege,
> Hochbegabte Hellas, siege! siege!
> Rufet sehend jedes Volk dir zu.
> Heimath alles Schönen, alles Hohen,
> Unterdrückt in dir, doch nicht entflohen
> War es, sieg' im heil'gen Kampfe du!"

Der Philhellenismus, der zur Befreiung der Griechen Entscheidendes beigetragen hat, ist ein in der Geschichte fast einzigartiges Beispiel dafür, wie eine Idee in politisches Handeln umgesetzt wurde. Er ist undenkbar ohne die europäische Tradition, insbesondere die deutsche Klassik mit ihrem Griechenkult.

Doch es bedurfte eines Trägers politischer Macht, damit man nicht nur wie Iphigenie das Land der Griechen mit der Seele suchte, sondern höchst real für seine Befreiung kämpfte.

Dieser dichtende König war Ludwig I. von Bayern, dessen Sohn Otto schließlich der erste König des befreiten Hellas werden sollte.

1804 hatte man den achtzehnjährigen Prinzen nach Italien geschickt. Das war einerseits die für Hocharistokraten fast obligatorische "Grand Tour", andererseits wollte man Ludwig mit ungefährlichen Dingen beschäftigen, denn Bayern stand – unter der Führung des Grafen Montgelas – noch auf der

Seite Napoleons (durch dessen Gnade es 1806 Königreich wurde); des Erbprinzen Franzosenhaß jedoch war bekannt und störend.

Ludwig benutzte die Kavalierstour keineswegs nur dazu, die nötige Weltgewandtheit und den gesellschaftlichen Schliff zu erwerben. Er machte eine klassische Bildungsreise, die für ihn und Bayern von enormer Bedeutung werden sollte.

"Als ich das erste Mal nach Italien reiste, hatte ich nur Logik gehört, keine Philosophie, auch nicht Ästhetik oder Archäologie – ich war tabula rasa, was Kunst betrifft. Aber Geschichte hatte ich gut studiert. Nun, und deswegen hatte ich keine vorgefaßten Meinungen, und die Eindrücke der Kunst in Italien wirkten unmittelbar auf mich ein."

Sein Schlüsselerlebnis hat er in Venedig:

> "Was für ein Zauber hält mich hier gefangen!
> In mir ein wonnig nie gespürtes Regen,
> Durchdrungen plötzlich von der Weihe Segen;
> Der Sinn für Kunst war in mir aufgegangen ..."

Nicht die Goldmosaiken des Markusdomes haben ihn zu diesen Versen inspiriert, nicht die Bilder Giorgiones oder Tizians, sondern, bezeichnend genug, eine klassizistische Plastik: Canovas "Hebe".

Nach kurzem Aufenthalt in Rom fährt er gleich weiter nach Neapel und erlebt in Paestum zum erstenmal einen griechischen Tempel.

> "Endlich bin ich in dir nun, Poseidonia, staune
> Tempel euch an, nur ihr lasset zu wünschen nichts mehr.
> Stückwerk, verglichen mit euch, sind die römischen Bauten.
> Es reihen Felsen an Felsen sich hier, halten einander sich selbst.
> Wie aus dem Haupte des Zeus Athene gewaffnet entsprungen,
> Steht, vollendet in sich, herrlich das griechische Werk;
> In ihm fühlen wir Kunst, die römischen aber sind künstlich.
> Herrschaft und Herrschaft allein kannten die Römer als Zweck.
> Mit der Religion und dem Staate, dem Leben verwebet.
> War den Hellenen die Kunst, welche ihr Wesen erfüllt.
> Die wir gebildet uns wähnen, sind noch Barbaren dagegen ...
> Daß mir vergönnet nicht war, Griechen, zu leben bey euch!
> Lieber, denn Erbe des Throns, wär' ich ein hellenischer Bürger."

Dieses Gedicht ist in vielfacher Hinsicht bemerkenswert. Zunächst ästhetisch: Ludwig hat einen spontanen Zugang zu griechischer Kunst und spielt

sie sofort gegen die römische aus. "In ihm fühlen wir Kunst, die römischen aber sind künstlich." Das entspricht in etwa der heutigen Auffassung.
Um die Wende des 18. zum 19. Jahrhundert aber war das keineswegs selbstverständlich. Goethe z.B. erschrak, als er in Paestum stand.
"Ich befand mich in einer völlig fremden Welt. Denn wie die Jahrhunderte sich aus dem Ernsten in das Gefällige bilden, so bilden sie den Menschen mit, ja sie erzeugen ihn so. Nun sind unsere Augen und durch sie unser ganzes inneres Wesen an schlankere Bauart hinangetrieben und entschieden bestimmt, so daß diese stumpfen, kegelförmigen, enggedrängten Säulenmassen lästig, ja furchtbar erscheinen."

Zweitens politisch: "Herrschaft und Herrschaft allein kannten die Römer als Zweck." Das ist durchaus abwertend. Herrschaft als Selbstzweck ist für Ludwig keinesfalls eine ausreichende Legitimation. Nicht umsonst wird man ihm später den Ehrentitel "König der Künstler" geben. Und schließlich – das Wort Philhellenismus war noch gar nicht erfunden – das erstaunliche Bekenntnis: "Lieber denn Erbe des Throns, wär' ich ein hellenischer Bürger."

Im Januar 1805 ist Ludwig wieder in Rom und tritt sofort in vertrauten Umgang mit der deutsch-römischen Künstlerkolonie, die sich um zwei Stammlokale gruppiert: um die spanische Weinschenke an der Ripa grande und um das Café Greco an der Via Condotti, von dem Ludwig sagte: "Café Tedesco solltest du heißen, du Stätte der Teutschen; Kunstverwandschaft vereint Griechen und Teutsche jedoch."

Aus dem Kreis um das Café Greco machen sich 1810 einige Freunde auf den Weg nach Griechenland. Darunter der Baron Haller von Hallerstein aus Nürnberg, den Ludwig als Kunstagenten engagiert. Sie entdecken auf der Insel Ägina zwei gut erhaltene Giebelgruppen – die ersten archaischen Skulpturen, die Europa kennenlernen wird. Nach abenteuerlichem Schicksal erwirbt Ludwig sie für 70 000 Gulden, umgerechnet mindestens zwei Millionen Mark. Eine für den Kronprinzen ungeheure Summe. Ludwig ist zufrieden und macht sich zugleich über sich selbst lustig:

"Als ein Geschenk der Himmlischen würden die meisten begehren,
Daß sie Steine in Gold dürften verwandeln nach Lust;
Doch ich Verkehrter, ich mache es anders, bemüht zu vertauschen
Gegen altes Gestein neues gewichtiges Gold."

Seit der Entdeckung der Laokoongruppe hat kaum ein Fund die Gemüter nicht nur der Gelehrten, sondern auch der Fürsten so erregt. Ganz Europa ist mit oder gegen Napoleon im Krieg. Aber die Internationale der Kunstfreunde verständigt sich über die dauernd wechselnden Fronten hinweg. Ludwig freut sich darüber: "Je mehr darüber geschrieben, je berühmter sie werden, desto lieber wird mir's sein, wenn auch darin Teutsche sich am meisten auszeichnen."

Zur gleichen Zeit bildete sich in Athen ein "Bund der Musenfreunde", der sich die Erhaltung der klassischen Altertümer zum Ziel setzte und auf friedlich-evolutionärem Wege eine langsame Besserung der griechischen Verhältnisse anstrebte. Daß Ludwig hier Mitglied wurde, versteht sich fast von selbst. Ein philanthropischer Gelehrtenbund zunächst, aber einer, der die Aufmerksamkeit Europas auf die unterdrückten Griechen lenkt, der die öffentliche Meinung mobilisiert und aus dem schließlich die mächtige Bewegung des Philhellenismus entsteht. Ohne sie hätte Griechenland wohl kaum seine Freiheit gewonnen.

Als der Aufstand 1821 losbricht, wird er von Ludwig enthusiastisch begrüßt:

"Auf Hellenen! zu den Waffen alle!
Sparta's Söhne, kämpft mit altem Muth!
Wie der Perser fiel, der Türke falle,
Färb' Plataä's Feld mit seinem Blut!
Auf, Athens, Korinthos tapfre Schaaren!
Seyd das wieder, was die Väter waren,
Und die alte Zeit wird wieder neu,
Von der Kunst und Wissenschaft die Sitze
Werdet ihr und von Sophia's Spitze
Leucht' das Kreuz auf Völker, welche frey!"

Unermüdlich wird er der Griechen Siege besingen, ihre Niederlagen beweinen, sie zum Ausharren anspornen:

"Zum Kampf! zum Kampf! ihr tapferen Hellenen!
Es stieg empor jetzt das Entscheidungsjahr,
Erfüllung winkt dem langen, heißen Sehnen:
Daß Hellas wieder werde, was sie war.
Nur Wünsche, keine Schwerdter für euch klingen,
Ihr selbsten müßt zum Siegespreiß euch schwingen,
Bis ihr ihn fasset, laßt euch keine Ruh'!
Was eures Muthes ehrner Sinn erzwungen,
Mit eurem Blut ihr wiederholt errungen,
Nur das allein gesteht Europa zu."

Schon der Kronprinz hat Geld gegeben, Gefangene freizukaufen, Kriegswaisen nach München zu bringen, hat zur Bildung einer Freiwilligenlegion ermutigt. Doch jubelnd notiert er 1825 am Tag seiner Thronbesteigung:

"An die Hellenen, da ich König.
Nur Gebete vermochte die Seele zum Himmel zu
senden,
Tapfre Hellenen, für euch, für den befreyenden
Kampf.
Thatlos verweheten mir in den Lüften die Töne der
Lyra,
Blos in die Saiten allein durfte sie greifen, die
Hand;
Einsam erklangen dieselben wie Seufzer verheimlichter
Liebe,
Jetzt ist die Lyra verstummt, aber das kräftige
Wort
Tönt von dem König aus der Fülle des glühenden
Herzens,
Daß sich's gestalte zur That, Griechen zu euerem
Heil."

Es bleibt nicht bei dem Versprechen. Ludwig, der König, schickt nicht nur Geld und Gedichte, er greift direkt in den Kampf ein, schickt militärische Berater und macht seinen politischen Einfluß bei den Großmächten geltend.

Es dauert noch fünf Jahre verzweifelten Kampfes, bis den Griechen die Freiheit gegeben wird. Nun machen sich England, Frankreich und Rußland auf die Suche nach einem König für die Hellenen.

In ihrer Eifersucht kommen sie überein, daß kein Angehöriger ihrer Herrscherhäuser Thronprätendent sein dürfte. So kamen vor allem deutsche Prinzen infrage. Und Ludwigs Philhellenismus legte eine bayerische Kandidatur nahe. 1831 bieten sie den griechischen Thron Ludwigs zweitem Sohn Otto an. Ein nicht geträumter Traum wird Wirklichkeit, ein Bayernprinz griechischer König.

Obwohl Ludwig, der Realpolitiker, der er auch ist, sehr wohl sieht, was für Schwierigkeiten auf ihn, seinen jungen Sohn und sein Bayernland zukommen, nimmt er das Angebot an. 1833 wird Otto der erste König des befreiten Griechenlands.

Wie es sich für eine Utopie gehört, endete das bayerisch-hellenische Abenteuer tragisch. 1862 wurde Otto vertrieben und Ludwig, der den notorisch notleidenden griechischen Staat immer wieder unterstützt hatte, verlor den größten Teil seines Privatvermögens.

Die Großmächte wollten keinen wirklich lebensfähigen griechischen Staat, der eine eigene Politik hätte machen und ihnen dabei in die Quere kommen können. Und die Griechen selbst konnten sich nur schwer mit dem monarchischen Prinzip und – vor allem – mit einer straffen modernen Bürokratie abfinden. Mit der Revolution von 1842 trotzten sie Otto eine Verfassung ab und zwangen ihn, alle seine bayerischen Offiziere und Beamten nach Hause zu schicken, was übrigens Ludwig in Bayern vor einige Probleme stellte. Im Grunde genommen war schon damals der bayerisch-hellenische Traum ausgeträumt.

Trotz dieser Enttäuschungen, die das Ende vorwegnahmen, blieb Ludwig, der alte Philhellene, wie er sich stolz nannte, seiner Gesinnung treu. Nicht romantische Jünglingsschwärmerei, nicht politische Ambition hatten ihn zu seinem Dichten und Handeln bewogen, sondern tiefgefühlte Dankbarkeit:

"An Hellas im Jahr 1846
Ob Monarchie sie würde, ob Republik, ich befaßte
Mich damit nicht, der ich wollte Hellas Befreyung allein.
Sache des Herzens, es war mir leidenschaftliche, glüh'nde.
Fühlend was einstens sie war, fühlte für's jetzige ich;
Haben Hellenen sich gleich undankbar den Teutschen bewiesen,
Mindere aber darum uns're Theilnahme es nicht.
Noch die Bewund'rung der Helden im heiligen Kampf der Befreyung,
Welche Thaten vollbracht, wie in dem Alterthum selbst
Größere keine geschehen, des ewigen Ruhmes erfüllte,
Die, verlassen, gesiegt über's Osmanische Reich.
Machen wir uns nicht selbst der Undankbarkeit schuldig,
Kam aus Hellas uns doch Kunst und Wissenschaft her;
Ja! das Herrlichste alles, wir haben es Hellas zu danken.
Obgleich fleckenlos nicht, glänzet die Sonne doch hehr."

Michael Tsapogas

"Das griechische Volk"

Maurers und die Rezension von Thiersch:

Ein Stück Philhellenischer Literatur und Bayerischer Zensurgeschichte

Einleitung

Innerhalb weniger Monate, nachdem das Buch von Georg-Ludwig von Maurer "Das griechische Volk" (Heidelberg 1835) veröffentlicht worden war, erschien anonym eine Rezension in der Augsburger Allgemeinen Zeitung (Außerordentliche Beilage 439-441, 1./2.11.1835): "Das griechische Volk und Georg Ludwig von Maurer". Die ersten beiden Fortsetzungen der negativen Rezension betrafen nur den ersten Band des Buches, und am Ende des Textes wurde eine dritte Fortsetzung (noch kein Abschluß) vorangekündigt. Diese wurde aber nie gedruckt; stattdessen erschien nur eine "Beantwortung"[1], von der Redaktion der Zeitung stammend, die Kritik an der Rezension übte und die versuchte, die von den scharfen persönlichen Angriffen des Rezensenten gekränkte Ehre Maurers wieder herzustellen. Es ist heute bekannt, daß diese Rezension ein Werk Friedrich-Wilhelm Thierschs[2] war, und daß ihre Fortsetzung von der bayerischen Zensur verboten wurde[3]. Trotz der Bestrebung des Redakteurs Kolb, die Freigabe zu erlangen[4], blieb das Verbot gelten, damit dadurch angefachte öffentliche Diskussion über die gespaltene Regentschaft, die sich peinlich entwickeln könnte, vermieden würde.

Im Nachlaß "Thierschiana", der sich in der Handschriftenabteilung der Bayerischen Staatsbibliothek befindet, gibt es (Thierschiana I 63, Schachtel 8) eine 19-seitige Handschrift unter dem Titel "Über das Buch des Herrn v. Maurer", die als der übrige Teil der o.e. Rezension erkannt wurde. Das ist zwar nicht ausdrücklich erwähnt, geht aber mit Sicherheit aus dem Text selbst hervor (wie z.B. davon "haben wir in der Nachricht vom ersten Band Erwähnung getan ...").[5] Diese unveröffentlichte Handschrift wurde gefunden und transkribiert, im Rahmen der Arbeit des Forschungsprojektes "Quellen der Verfassungsgeschichte Griechenlands" der Universität Athen das von Herrn Prof. Dr. G. Kassimatis (Athen) in Verbindung mit Herrn Prof. Dr. H. Scholler (München) geleitet wird, und sie wird künftig im Veröffentlichungsprogramm dieses Projekts eingegliedert werden.[6]

Der bevorstehende Aufsatz ist keine vollständig kommentierte Bearbeitung der Fragen, die dadurch beantwortet oder gestellt werden, sondern eine einfache Vorlage des Rezensionstextes im Vergleich zum rezensierten Buch Maurers und im Lichte der persönlichen und sachlichen Umstände.

I. Das Buch und die Rezension: Kulissen, Motive und Umstände

Das parallele Lesen des Buches und der Rezension ist eindrucksvoll, weil es nicht nur nochmals die beiden Verfasser charakterisiert, sondern auch die Schicksale des philhellenischen Denkens und der Betrebungen der Regentschaft umfassend enthält und symbolisiert. Hier haben wir einerseits zwei Stücke philhellenischer Literatur, die trotz ihrer ähnlichen Motive aufeinanderprallen, und die die zwei Haupttendenzen des philhellenischen Denkens in Europa illustrieren; zugleich und andererseits haben wir die Apologien zwei verschiedener Anschauungen über die Rolle und die Ziele der Bayern in Griechenland. Wenn tatsächlich die Bayernherrschaft, wie Johannes Irmscher meint, "das einzige Ergebnis des Philhellenismus"[7] war, dann ist ihr Schicksal auch sein Schicksal. Mit diesem Aphorismus wäre aber nur der Praktiker Maurer einverstanden, nicht der Idealist Thiersch; ihre gegensätzlichen Modernisierungsauffassungen[8] sind auch bei der persönlichen Gegenüberstellung in den vorliegenden Texten klar.

a) G.L. von Maurer und sein Buch

Die bedeutungsvolle Rolle Maurers bei der Maßnahmenpolitik der ersten Regentschaft ist bekannt. Seine institutionelle Überproduktion, insbesondere im Bereich der Verwaltung, der Gerichtsorganisation und der Kirche[9], hat langfristig mehr gewirkt als das ganze übrige Werk der absoluten Monarchie und vielleicht der Monarchie Ottos überhaupt, nicht nur weil die erste Periode sowieso entscheidend für die Staatsgründung war, sondern auch weil die von Maurer geplanten Institutionen eine innere systematische Konsequenz hatten. Egal ob diese Konsequenz nach dem großmächtigen Zweck der Staatsrationalisierung[10], oder konkreter nach dem Zweck der Behebung der Parteien[11] gestrebt hat, egal ob dieser Entwurf die einzige realistische Möglichkeit war[12], oder auf Unkenntnis und Mißverständnis beruhte[13], werden die Spuren seiner Maßnahmen, sowie ihre Nebenwirkungen verewigt. Maurer selbst argumentierte im Bewußtsein des Haupteinwurfs seiner Gegner, d.h. der Beschwerde über Verpflanzung fremder und unpassender Institutionen[14], und blieb empfindlich gegen jede Kritik an seinem Geschöpf.

Der Zwiespalt und die Intrigen im Schoß des Regentschaftsrates sind bekannt, und die neuen Elemente, die von den erst in 1987 veröffentlichten Denkwürdigkeiten Maurers[15] ans Licht kommen, bringen nur einige Einzelheiten dazu. Die Verhältnisse zwischen Armansperg und dem englischen Gesandten Dawkins, der Vorrang des Regentschaftspräsidenten und einige wirkliche oder angebliche Verschwörungen waren Anlässe der großen Krise[16], die mit der Abberufung Maurers und Abels im Juli 1834 beendet wurde.[17] Für den Zorn Maurers gegen seine Gegner in Griechenland und im bayerischen Hof (s.z.B. seine Bemerkungen über den Erlaß des Ministers Gise[18]) und für seine Bestrebungen, sein Werk von Verleumdungen zu schützen[19], waren seine Denkschriften an Ludwig[20] nicht genug; dazu kam sein Buch "Das griechische Volk", dessen Ziel offenbar nicht nur die Hilfe für die künftigen Historiker, wie er selbst erklärt[21], sondern auch die Verteidigung seines Verfassers in der Gegenwart war. Was aber das Buch noch heute für die Institutionengeschichte Griechenlands unschätzbar macht, ist nicht die Erzählung politischer Ereignisse, wobei es weder die einzige noch die objektivste Quelle ist, sondern die Dokumentation über das Gewohnheitsrecht[22], die als Grundlage der zivilrechtlichen Gesetzgebung vorgesehen war.

Das Echo des Buches am bayerischen Hof wurde von Maurer selbst in seinen Denkwürdigkeiten beschrieben[23]: Gise lehnte die Übersendung des Buches an den König ab; Ludwig bildete eine Untersuchungskommission, die die königliche Ungnade begründen sollte; Maurer wurde vom Amt des Staatsrates suspendiert[24]. In Griechenland war das Buch auch bemerkt und besprochen worden; Thiersch meinte, daß es dorthin "wie eine Bombe gefallen ist"[25].

b) F.W. Thiersch und seine Rezension

Wegen der tiefen Wurzeln seines Philhellenismus[26] sowie seiner Kenntnis über das Volk und seinen wahren Zustand hatte Thiersch schon vom Beginn des Befreiungskrieges an nicht nur Hoffnungen darauf gehabt, sondern war auch zu konkreten Vorschlägen und Leistungen geschritten. Seine Rolle bei der Krise von 1831-32[27] sowie seine literarische Arbeit[28] hatte ihm den Ruhm des uneigennützigen und wirksamen Griechenkenners gegeben. Deshalb hatte er das Recht darauf zu warten, daß seine Vorschläge, insbesondere das Buch "De l'État actuel de la Grèce" (Leipzig 1833) und seine Berichte an König Ludwig[29] beachtet würden. Daß trotzdem die Berichte unbeachtet blieben[30] und die Regentschaft in vielen Bereichen das Gegenteil der Vorschläge seines Buchs verwirklicht hat[31], ist aber nicht genug, um seine tiefe Bitterkeit zu erklären. Dazu muß man vermuten, daß seine frühzeitige Abberufung in München seine Ruhmbegierde um einen Posten bei König Otto (sei es als Regentschaftsmitglied, sei es als Berater) gekränkt hat[32] (noch einen Beweis dazu bringt die vorliegende Rezension). Das königliche Mißtrauen und der Ausschluß wegen seiner angeblichen konstitutionalistischen Stellung und seiner Popularität waren bei seinem Interesse für Griechenland bitter. Scharf war er sowieso auch vorher gegen Kapodistrias[33], jetzt aber wurde seine journalistische Tätigkeit, ein für ihn gewöhnlicher Ausweg[34], schärfer bis an die Grenze des Erlaubten. Bei seiner ganzen journalistischen Arbeit dieser Zeit beurteilte er die Maßnahmen der Regentschaft immer im Lichte seiner eigenen unbeachteten Vorschläge[35]; obwohl sein Wohlwollen geprüft worden war, kann man ahnen, daß die Heftigkeit seiner Kritik, insbesondere und persönlich gegen Maurer eine Frucht dieser Voreingenommenheit ist.

Insofern jede Diskussion darüber dem bayerischen Hof peinlich war, stellte sich die königliche Ungnade auch mit Zensur heraus: ihr fielen nicht nur einige Zeitungsartikel wie die vorliegende Rezension, sondern auch sein Buch "Histoire de la Régence royale de la Grèce"[36], das auch erst im Jahre 1987 veröffentlicht werden konnte[37], zum Opfer.

II. Die Hauptpunkte der Rezension

a) Der veröffentlichte Teil

Der veröffentlichte Teil der Rezension betrifft den ersten Band des Buches; da Thierschs Handschrift nicht im Nachlaß liegt, wissen wir nicht, ob die Zensur irgendeinen Einfluß auf seinen Inhalt hatte; man kann es aber vermuten, weil die Kritik hier viel zurückhaltender als beim unveröffentlichten Teil ist.

a1) Eingreifen, Quellen und Methode des Verfassers

Zuerst nimmt der Rezensent an, daß das Buch wegen des persönlichen Eingreifens des Verfassers in die griechischen Verhältnisse "eine ausführliche Beachtung in Anspruch nimmt"[38]. Den Zweck des Buchs aber, wie der Verfasser selbst erklärt, nämlich Material für künftige Historiker vorzubereiten, damit sie sein Werk objektiv beurteilen können[39], betrachtet Thiersch als nicht erfüllt:

"Wenn man aber mit dieser Erklärung in das Werk selbst eingeht, wird man durch dasselbe hin in allen Partien, welche den Zusammenhang des Volks mit dem klassischen Altertum, die Art und Gebrechen der türkischen Verfassung, den Verkehr der Griechen mit den Gebildeten Europas, die Parteien, den Zustand der einzelnen Landesteile und die Verwaltung betreffen, keineswegs eigene Forschung des Herrn Verfassers, sondern im Gegenteil die Forschungen anderer, nämlich bunte und unvollständige Kompilation des aus früheren Werken über diese bezeichneten Gegenstände Bekannten mit auffassenden Unrichtigkeiten gepaart finden."[40]

Ironisch weist Thiersch auf einige Sprachfehler Maurers bei altgriechischen Ausdrücken hin und stellt hinsichtlich seiner Methode fest:

"..., so daß man Altes und Neues, Wahrheit und Irrtum, Gutes und Schlechtes zu einem Gewebe verknüpft findet, und das Bekenntnis des Verfassers, es habe ihm, wie er es ausdrückt, "an der während seiner kurzen Anwesenheit nötigen Muße zu erforschen und zu konstatieren gefehlt", in einem viel weiteren Sinne nehmen muß, als es gemeint ist."[41]

Das aber scheint dem Rezensenten logisch zu sein, weil der Verfasser

"... meist verworrene und übel verbundene Notizen und Materialien über ein Volk (gibt), dessen Sprache und Zustand dem Verfasser bei seiner Ankunft in Griechenland gänzlich unbekannt war, und dessen innere Verhältnisse, Eigentümlichkeiten und Bedürfnisse ihm trotz aller Erkundigungen und Exzerpten unbekannt geblieben sind. Denn hier kann nur eigene Erfahrung und Beobachtung helfen, und zu beidem fehlte es dem Verfasser an jeder Vorbedingung, und bei der Verwirrung, der Not und den Intrigen seiner ephemeren Verwaltung an der nötigen Ruhe und Unbefangenheit."[42]

Hier macht Thiersch, der sich hinter seiner Anonymität verschanzt, einen Vergleich mit sich selbst:

"Auffallend ist in diesem Buch zu lesen: "Wer kennt nicht den großen Philhellenen Friedrich Thiersch, dessen ganzes Leben mit dem neuen Hellas auf innigste verwachsen ist?!" und man möchte fragen: wer denn dieses Leben gerade da von jeder innigen Verbindung mit Griechenland abgetrennt hat, wo sie ihm am nötigsten gewesen war, und ihm vielleicht allein helfen konnte?"[43]

Zwar hat Thiersch auch bei anderen Gelegenheiten betont[44], daß die Regentschaft ohne Kenntnisse ausgeübt wurde; hier aber ist seine Leidenschaft offenbar, und sie richtet sich gegen Maurer, nur weil der wahre Schuldige der Abberufung des Rezensenten über jeder Kritik steht.

a2) Der Zustand vor der Regentschaftsankunft

In seinem Buch analysiert Maurer die Verbindung zwischen der internationalen Politik und der inneren Parteipolitik Griechenlands[45] und betont die besonderen Bestrebungen der Regentschaft, die "russische" Partei zu entkräften,[46] sowie die Intervention Englands, das seine langfristige Handelsstärke schützen möchte[47]; seine Bemerkungen über England werden inzwischen als völlig gerecht bewiesen[48]; und trotzdem betrachtet sie der sonst sehr scharfsichtige Thiersch als oberflächlich:

"Liefert hier der Herr Verfasser den Maßstab, mit welchem man seine eigene publizistische und politische Einsicht messen soll, so wird die Hoffnung, die öffentlichen Verhältnisse des neuen Staats zu den anderen Mächten auf eine richtige Weise geordnet zu sehen, bei dem Einfluß, der ihm in dieser schwierigen und eine ganz andere Weisheit erfordernden Sache gegönnt war, sehr herabgestimmt werden müssen, und die Verwunderung darüber hört auf, daß wir überhaupt kein Problem, so auch kein politisches unter allen denjenigen, welches die Lage von Griechenland darbot, "gelöst, dagegen ein jedes auf eine höchst betrübende Weise verstellt und verschoben haben".[49]

In den Abschnitten über den Zustand der Verwaltung[50] und das Gerichtswesen[51] findet Thiersch wieder keine Bestätigung selbständiger Arbeit:

"Was aber den Wert dieses ersten Teiles eigentlich bestimmt, ist die sehr gut geschriebene Privatarbeit eines gelehrten Griechen, dessen Name verschwiegen wird, über das Gewohnheitsrecht und die Volkssitten der Griechen, und es wäre zu wünschen, daß diese vorzügliche Arbeit aus dem starken und kostspieligen Werk als der nützlichste und beste Teil desselben ausgeschieden und in besonderem Druck verbreitet würde."[52]

Die Charakterisierung der Eigentümlichkeiten der Griechen wird als sehr verallgemeinernd kritisiert:

"Hier kann allein von den allerdings zahlreichen Sollicitanten die Rede sein, die den Herrn Regentschaftsrat mit ihren Forderungen behelligten (...). Dagegen aber versichern andere, die lange mit Griechen gelebt haben, daß sie nie von einem, der an dem Kampf wirklich teilgenommen, eine Prahlerei, eine eitle Erzählung seiner Taten gehört (haben)."[53]

Die Bemerkungen Maurers über Unterrichtswesen[54] erwiesen sich, im Vergleich zu den entsprechenden Abschnitten des Buchs von Thiersch[55], als flüchtig und unglaubwürdig, auch weil der Verfasser

"weder Schulmann noch Kenner der althellenischen Sprache ist"[56].

Schließlich beschäftigt sich der Rezensent mit den Abschnitten über Kriegs- und Seewesen[57], und stellt fest:

"die Mißverständnisse alles hellenischen Wesens steigern sich (...) bis in das Unglaubliche"[58],

weil Maurer die Unterschiede zwischen den Arten der irregulären Truppen verwechselt. Für den nie veröffentlichten zweiten Artikel behält sich Thiersch vor, nachzuweisen,

"... was er mit seinen Freunden vorgekehrt hat, um das schwerste aller Probleme zu lösen, was sich einem zur Lösung Unvorbereiteten in der Politik darbieten konnte."[59]

b) Der unveröffentlichte Teil

Der unveröffentlichte zweite Teil der Rezension betrifft den zweiten Band des Buchs, der das Werk der Regentschaft bis Juli 1834 beschreibt; deshalb ist die Rezension mittelbar eine Kritik der Regentschaftsmaßnahmen. Allerdings hatte Thiersch seine Meinung darüber auch in anderen Stellen erklärt, die Heftigkeit aber der hiesigen Kritik ist einmalig und überraschend.

"Wir haben gesucht, gleich von vorn herein, die Fäden, in welchen der Verfasser die Darstellung seiner Tätigkeit für und in Griechenland gewebt hat, auseinanderzuziehen und etwas genauer zu betrachten."[60]

b1) Die Behandlung der politischen Kräfte und die Anwendung der Verwaltungsbestrebungen (Unterricht, Wirtschaft, Miliz)

Maurer erwähnt als eine der größten Schwierigkeiten der Regentschaft das Problem der Behandlung der politischen Kräfte, die vorher die Herrschaft im Land hatten oder forderten[61]. Den Kongreß und den Staatsrat anerkennt die Regentschaft nicht, nicht nur um die Gefahr des Anschürens parteipolitischer Gegensätze zu vermeiden[62] sondern auch um ausdrücklich zu betonen, daß das monarchische Prinzip keine Grenzen finden soll[63]. Über die absolutistische Staatsform findet in dieser Phase gar keine Diskussion statt; "Verfassung" Griechenlands ist der Londoner Vertrag und die Instruktion des Regentschaftsrates[64].

Der Rezensent nimmt, nicht ohne Bedenken, diesen Hauptschluß an:

"man schiebt das Problem auf die Seite, das man nicht zu lösen weiß"[65]

obwohl seine vorherigen Vorschläge[66] völlig verschieden waren; er berührt aber die Frage der Wirkungsfähigkeit einer fremden Regentschaft ohne beratende Hilfe durch Einheimische:

"(man begreift) keineswegs, warum die Regentschaft weder sich selbst noch ihre provinziellen Beamten mit irgendeinem, wenn auch nur beratenden Verein landes- und sachkundiger Männer umgab, und der Verfasser verschweigt uns, warum weder ein Staatsrat zu Stande kam, obwohl eine beträchtliche Zahl titulare Staatsräte im ordentlichen und außerordentlichen Dienst, zum Teil ganz unfähige, ernannt wurden, noch die Verordnung über die Nomarchien und Eparchien je ihren Vollzug erhielt, nach welcher sowohl dem Eparchen als dem Nomarchen ein aus den Distrikten und Provinzen gewähltes beratendes Conseil von Notabeln zur Seite stehen sollte. Durch diese Unterlassung sowohl der Bildung des Staatsrats aus den Provinzialräten blieb das Land ohne eine Stellung von Beirat bei der Ordnung seiner Angelegenheiten durch Fremde, die Regentschaft aber inmitten einer ihr unbekannten Bevölkerung allein, oder den Künsten einzelner Intriganten preisgegeben, die die Geschäfte bekommen hatten. Die Folgen sind nicht ausgeblieben. Nichts von dem, was man, sei es in der besten Absicht, versucht hatte, gedieh, keine Formation (...) faßte Wurzel und gewann Fortgang, weil sie nur außer dem Lande, seinen Bedürfnissen, seinen Wünschen und Sitten empfangen und gemacht war. Dagegen fiel, wegen Mangel aller kontrollierenden und schützenden Behörden, Land und Volk unter die Willkür vieler nichtswürdiger Beamter, so daß in einzelnen Gegenden selbst die türkischen Zeiten nichts Schlimmeres gesehen hätten."[67]

Es wird allgemein angenommen[68], daß das Hauptproblem der Regentschaftszeit die Nebenwirkungen dieses Anfangs sind, d.h. die Verwaltungsunfähigkeit, die ungeprüfte Anwendbarkeit der Institutionen und der als "Bayernherrschaft" beschriebene Zustand[69]. Die hiesige Kritik von Thiersch entspricht seinen alten unbeachteten Vorschlägen[70]; später findet er noch eine Gelegenheit, seinen Vorschlag über ein beschränktes Repräsentationssystem in seinen "Promemoria" zu wiederholen[71]. Maurer selbst hat die Unkenntnis und den Unsicherheitskomplex der Regentschaft als Gründe für Mißerfolge anerkannt[72], er bleibt aber gegenüber seinen persönlichen Geschöpfe optimistisch. Für unseren Rezensenten heißt es aber Gleichgültigkeit:

"Der Verfasser ist aber so weit entfernt, auch nur zu ahnen, was er getan und bewirkt (hat), daß er sich im Gegenteil in Aufzählungen aller Verordnungen, Gesetze, Pläne, Instruktionen, Kreationen, welche den Weg aus dem regentschaftlichen Regierungsblatt durch die Ministerien in ein frühes Grab fanden, wohlgefällt, und nur das beklagt, daß ihm und seinen Freunden nicht Zeit gegönnt worden sei, noch mehreres zu machen."[73]

Besonders bei den ersten Schritten der Unterrichtsorganisation[74] ist Thiersch nicht nur besonders empfindlich, sondern auch, wegen seiner ständigen Kontakte mit griechischen Gelehrten[75] über die Tatsachen gut informiert:

"Drei Monate später abgerufen, und der Verfasser hätte z.B. im Gebiet des öffentlichen Unterrichts dem Lande Gymnasien, eine Universität, und zu seinem Geburtstag am 2. November eine Akademie der Wissenschaften zurückgelassen. Auf dem Papiere nämlich! Denn weder war auch nur ein Gebäude für alles das hergestellt, noch eine Sammlung angelegt, oder auch nur ein Buch, eine Karte für die Unterrichte gedruckt oder besorgt worden,..."[76]

Wenn es keine Gleichgültigkeit gibt, meint der Rezensent, gibt es Täuschung; Werke der vorherigen Regierungen werden angeeignet[77]. Über die Wirtschaft berichtet Maurer wenig (sie gehörte nicht zu seinen Zuständigkeiten), deshalb kann auch Thiersch weniger kommentieren als an anderen Stellen[78], und beschränkt sich auf den Zustand des Ackerbaus:

"Hier, dachten wir, kommt der Verfasser endlich auf das wahre Gebiet der regentschaftlichen Tätigkeit. Hier, wenn irgend, mußte er erleichtern, aufmuntern, pflanzen und pflegen, um zu ernten oder nur eine Ernte vorzubereiten. Aber was folgt? Was geschah? Nichts! Gar nichts. Und für die Bauern, auch nicht ein Pflug, eine Hacke, ein Paar Züge oder Pflugtiere, ein Schaffel Samenkorn gekauft, um den armen ruinierten Leuten aufzuhelfen, oder nur einige Teilnahme zu bezeugen. Tiefe Stille!"[79]

Über das Schicksal der irregulären Truppen kann Thiersch mit Recht einwenden, daß seine vernünftigen Vorschläge[80] für Integration ignoriert worden waren. Der Plan, die Kämpfer in die nationale Miliz einzugliedern[81], scheiterte:

"Die Ankunft der Regentschaft wirkte (...) mit elektrischer Kraft auf die Gemüter. Die Räubereien hörten auf; aber die Zerstreuung und Auswanderung der nationalen Miliz, deren Organisierung aus Unkunde scheiterte, pflanzte die Keim zu neuen Banden, die schnell aufschossen, die das Beil der Guillotine nicht ausrotten konnten, und die jetzt, zum Teil zu Guerillas erwachsen, sogar noch fortdauernd die öffentliche Sicherheit bedrohen"[82]

So werden alle wirklichen oder angeblichen Verschwörungen und Aufstände als Folgen dieser Situation betrachtet:

"und was anderes ließ man den Nachfolgern zum Erbe, als eine durch Bedrückungen der Zehntbeamten gezeitigte dritte Insurrektion, (...) deren Flammen nach dem Schiffe hinüberleuchteten, welches die abziehende Majorität an den Küsten des Peloponnes hinauf nach ihrer Heimat trug. Bei diesen Erfolgen, die noch in der Erinnerung eines jeden stehen, sollte man still sein und sich zurückhalten, nicht aber währen, es brauche nur viele Worte und sonore Redensarten, um die Schuld und Verantwortlichkeit von sich auf die Schultern eines verhaßten Gegners hinüberzuwälzen."[84]

b2) Die Gesetzgebung

Als Hauptwerk Maurers gelten die Organisation der Gerichte und die Herstellung der Gesetzbücher; der größte Teil seines Buches enthält ausführliche Berichte darüber[85], und in diesem Bereich preist er sich am meisten. Seine gesetzgeberische Tätigkeit, die im Rahmen der "Okzidentalisierung" Griechenlands desto größeren Einfluß hatte, je heftiger kritisiert wurde, ist auch von Thiersch mit den bekannten[86] Kriterien der Anwendbarkeit und des Verhältnisses zu griechischen Umständen beurteilt:

"Man wird begierig sein zu erfahren, was nun der Verfasser in der eigentlichen Sphäre seiner unmittelbaren Tätigkeit der Ordnung der Gerichte und der Gesetze getan hat (...), und was waren am Ende die in Hast und Eile zusammengetragenen Gesetzbücher und Prozeßordnungen? Der Verfasser selbst gibt an, daß sie aus französischen und deutschen Elementen bestanden, also ohne einiges oder festes Prinzip, in ganz wesentlich verschiedenen Gesetzgebungen umhergriffen. (...) Warum entschloß man sich bei der Unmöglichkeit, Neues oder auch Griechisches zu geben, nicht wenigstens für das einfache, für die Annahme des Einen oder Anderen? Wird dadurch daß man zwei den Griechen ganz fremde Dinge mischt, die Mischung "für die griechischen Verhältnisse gehörig gerechtfertigt?" (S. 346)"[87]

Eine solche Kritik könnte kaltblütig scheinen, wenn sie nicht so ironisch wäre:

"Doch scheint es, der Verfasser habe gemeint, das Germanische sei ein dem Griechischen analoges oder homogenes Element und durch seine Aufnahme sei die Fremdartigkeit des Französischen indifferenziert worden. "Ich fand, wie es S. 346 wörtlich heißt, ein ungemein großer Hinneigen der Neugriechen zur germanischen Sitte, sowie auch die Altgriechen schon – zumal die Pelasger – wie ich bei einer anderen Gelegenheit zu erweisen gedanke, mit den Altgermanen sehr nahe verwandt waren". Also die Neugriechen stammen von den Altgriechen, diese sind die Pelasger, diese und so war es erklärlich, daß das germanische Element aus dem altdeutschen Gerichtsverfahren als das Analogon des in Neugriechischen erhaltenen altgriechischen Elements mit dem Neufranzösischen gemischt wurde, um die erwünschte Harmonie und Zweckmäßigkeit der neuhellenischen Gesetzordnung zu erzielen. Es scheint, man brauche kein anderes Zeugnis, um den Geist, welcheer jenes ganze Verfahren bei der Einrichtung und Ordnung eines ganz fremdartigen Landes leitete, seltsam zu bezeichnen."[88]

Die Verwaltungsorganisation[89] ist von Thiersch nur allgemein im Rahmen der politischen Ordnung berührt.

"Fragt man nun nach den Wirkungen so vieler vortrefflicher Organisationen, Gesetze, Pläne und Verordnungen, auf deren Anfertigung die Tätigkeit unseres unermüdeten Regenten gerichtet war, so ist die Rede des Buches darüber kurz (...). Es heißt nur im allgemeinen: Alles ging gut, ging vorwärts (...), aber unsere Abberufung hat Alles gehemmt und Alles wieder verdorben. Nach Beweisen dafür, zunächst, daß Alles gut und vorwärts gegangen sei, sieht man sich in dem Buch vergeblich um (...). Doch der Verfasser hat noch eine Waffe, mit welcher er sich gegen diejenigen zur schirmen sucht, die ihn für die schlimme Wendung der griechischen Dinge verantwortlich machen. Geht es schlecht, sagt

er, so ist es die Schuld unserer Nachfolger; es kommt davon, da man unser System verlassen und ein neues verderbliches angenommen und befolgt hat. Nun kann es zwar so wenig unsere Absicht sein, diese Nachfolgen gegen Herrn v. Maurer zu verteidigen, als wie uns zum Echo seiner Beschuldigungen gegen sie machen wollen; daß aber sie ein neues, von dem früheren wesentlich verschiedenenes System versucht und dadurch die Interessen des Landes gefährdet hätten, dafür sehen wir keinen haltbaren Grund angeführt; (...).
Ihr System war also sein System (...). Was also jetzt in Griechenland geschieht ist im Grunde nur die Folge dessen, was man gleich am Anfang getan und vorbereitet (hat), es ist die notwendige Frucht des Samens, den man gesäet hat."[90]

b3) Das Zerwürfnis der Regentschaft und die Schuld Maurers

Wie oben erwähnt wurde, waren Maurers Beschuldigungen gegen Armansperg der Anlaß seines Buches; das ist für ihn das wichtigste, was er den künftigen Historikern überlassen wollte.[91] Dabei erreicht aber auch der Rezensent seinen Höhepunkt; die offenbare Leidenschaft und Bitterkeit beider Verfasser prallen aufeinander, ohne uns zu helfen, die tatsächlichen Ereignisse dieser Periode besser zu verstehen:

"... die Anklagen des Verfassers gegen den gegenwärtigen Reichskanzler von Griechenland (...) beitragen, den Urheber des Buchs zu zeichnen, welcher sich durch dasselbe dem öffentlichen Urteile preisgegeben hat. Daß alles, was er über Griechenland zu sagen hatte, weil es beinahe durchgehend ein fremdes und ungeordnetes Material ist, nicht der Zweck des Buches ei, ist offenbar: Herr v. Maurer hätte sich ohne weiteren Grund nicht als Kompilator und schlechter Skribent bloßgestellt. Es dient also nur, dasjenige an den Mann zu bringen, was er über sich selbst und gegen den Feind zu sagen wünscht, um sich an ihm eine Satisfaktion zu nehmen, die ihm, wie er selbst sagt, verweigert wurde. Es ist also Rache, die ihn treibt, und dieser finstersten aller Leidenschaften werden alle anderen Rücksichten zum Opfer gebracht. Darum wird das Gespenst der abgeschiedenen Regentschaft aus dem Grabe geweckt, um vor den Augen der Welt seine eigenen Eingeweide zu zerreißen, und ihren Moder den entsetzten Blicken der Lebendigen zu zeigen. Darum werden alle Rücksichten verletzt, die er gegen Freunde und Genossen, die er sogar gegen seine Heimat und ihre Lenker, die er gegen seinen Wohltäter und Monarchen, die er gegen sich und Griechenland zu nehmen hatte, und wird in einer Art gesprochen und geschrieben, die nur auf der untersten Stufe der Gesellschaft und der Bildung erklärlich, aber in keinem Fall zu entschuldigen ist. Denn was anderes, als Verletzung dieser Rücksichten ist es, wenn er ohne weiteres Herrn Geheimrat Abel (...) als Genossen, Teilnehmer und Vertreter dessen, was er gatan oder nicht getan hat, und als Zeugen der Dinge aufruft und einführt, die auch wenn sie wahr wären, nicht zu denjenigen gehören, für welche man ohne weiteres Zeugschaft eines Dritten öffentlich anruft, ohne zu wissen, ob er seinen Namen in einer solchen Chronik figurieren sehen will? (...). Und daß er (...) die Lage (des Erzkanzlers) und dadurch des Landes, dem er nutzen will, schwieriger und verwickelter macht (...)? Nicht Liebe, nicht Neigung zu demselben, die er vorgibt, konnte ein solches Gemüt erfüllen: Griechenland war ihm Mittel eines über sein Vermögen hinausgreifenden Ehrgeizes, und da dieser in seinem Kalkül gestört wird, wirft er es hin und tritt seine heiligsten Interessen mit Füßen, damit die leidenschaftlichen Gefühle, die durch das ganze Buch hin grollen und stöhnen, ihren Ausgang finden und den verschlossenen Zorn durch Befriedigung Erleichterung erhalte."[92]

Thiersch vermittelt nicht als Verteidiger Armanspergs; im Streit zwischen den Regentschaftsmitgliedern gibt er niemandem recht. Er ruft als seien einzigen Zweck die Wohlfahrt Griechenlands aus (genau wie sein Gegner) und schien kein Mitleid zu haben für diejenigen, die diese Wohlfahrt durch Streitigkeiten gefährden:

"Gesetzt auch, Herr v. Maurer hätte Ursache zu klagen, so durfte er nicht so handeln. Jeder Mann, der in hohen und verwickelten Geschäften steht, muß erwarten, daß er auf Verkennung, auf Schwierigkeiten, auf Leidenschaften, auf Maß stößt. Wer aber die Last nicht ertragen kann, ist auch der Liebe nicht wert. (...) Man darf mit Sicherheit annehmen, daß er weder durch Einsicht noch durch Gesinnung zur Führung wichtiger Geschäfte geeignet war, und durch sich selbst in die den leidenschaftlichen und beschränkten Geistern gezeichnete enge Sphäre hinabsteigt (...). (Hat Maurer) keine Schwäche gegen Freunde, gegen Schmeichler, gegen unwissende, seines Vertrauens unwürdige und doch damit bekleidete Individuen? Hat er sich keine Verzögerung zu Schulden kommen lassen, als er die Schulen von einer Periode zur anderen mit unfähigen Kommissionen und verkehrten Plänen nährte, und das auf die Wiedereröffnung seiner geschlossenen Gerichte harrende Land mit der Hoffnung auf erst zu schreibende Gesetzbücher und Prozeßordnungen tröstete?"[93]

Thiersch vermutet, daß Maurer Regentschaftspräsident werden wollte; als Motive dafür erwähnt er die Einnahmen; verallgemeinernd behauptet er, daß hinter allen Streitigkeiten im Schoß der Regentschaft die Forderung "des Notpfennigs des armen Griechenlands" sich verschanze; da der Verfasser darüber schweigt, "hat er über sich und sein Buch jedes Wort unnötig gemacht".

III. Nachwort

Ob die vorliegende Rezension nur eine persönliche Dimension hatte, oder ob ihre Heftigkeit den objektiven Stellungen von Thiersch über eine Politik für und in Griechenland entsprach, ist schwierig zu entscheiden. Allerdings war Thiersch immer scharf, auch wenn der übrige Inhalt seiner Texte konstruktiv und gut begründet war, wie bei seinem Buch "De l' État actuel de la Grèce". Trotz seiner Briefwechsel mit Maurer im ganzen Zeitraum der ersten Regentschaft, wobei Maurer über politische Ereignisse informierte und Thiersch insbesondere zum Unterrichtswesen Vorschläge machte[94], waren die Beziehungen nie gut.

Die Zensur der Fortsetzung ist sicher kein Werk Maurers, der dann sich ja auch in Ungnade befand; die Beantwortung aber, die später in der Allgemeinen Zeitung wieder anonym erschien[95], kann nur mit seiner Hilfe verfaßt worden sein, weil dabei nicht nur allgemein versucht wurde, das Buch zu verteidigen, sondern auch in bestimmten Fragen die Rezension im wesentlichen zu widerlegen, wie z.B. über die englische Intervention. Dem Rezensenten wird vorgeworfen, einen "pamphletartigen Ton" gewählt zu haben, und mittelbar wird auch die Objektivität des Buchs von Thiersch bezweifelt[96]. Daher scheint es sicher, daß der Name des anonymen Rezensenten allen bekannt war, obwohl darauf die Rede nur mittelbar kommt:

"Hier scheint der Rezensent verstehen geben zu wollen, als trage Herr v. Maurer die Schuld, daß Herr Fr. Thiersch nicht nach Griechenland berufen worden (ist). Wir können ihm aus der besten Quelle die feierliche Versicherung geben, daß er auch hierüber in völligem Irrtum begriffen sei. (...) Herr v. Maurer lebte von jeher mit Herrn Thiersch in freundlichem Benehmen (...). Auch sind dergleichen heimtücksiche Machinationen dem offenen, biedern Charakter des Herrn v. Maurer durchaus fremd. Die Verwendung des Herrn Thiersch in Griechenland mögen viel höhere Gründe im Wege stehen, die auch nur anzudeuten hier freilich nicht der Ort ist. Wie aber die Gegenwart des Herrn Thiersch in Griechenland so notwendig gewesen (ist), ja wie er allein dem unglücklichen Staat helfen können hätte, bleibt eine Aufgabe, die der Herr Rezensent noch zu lösen hat".[97]

Verschiedene Motive, Kriterien und Anschauungen stehen bewußt oder unbewußt hinter jeder philhellenischen literarischen Arbeit. Wenn im vorliegenden Fall auch persönliche Probleme sich einmischen, ist es aber bei anderen Fällen noch klarer, daß fast jeder europäische Philhellene Freund eines verschiedenen Griechenlands war, wie er selbst es betrachtet, erwartet oder geträumt hatte. Selbst die Hauptfrage beim Anfang des neugriechischen Staates, die Wahl der Staatsrationalisierung westlicher Prägung[98] und der kurz- und langfristigen Methoden zu ihrer Verwirklichung, ist eng mit den unterschiedlichen Anschauungen der Philhellenen verbunden. Das Schicksal der Bestrebungen der Regentschaft, sowie die langfristige Entwicklung der Institutionen und der Mentalitäten im neugriechischen Staat und Volk entspricht auch heute diesen Grundtendenzen und Grundunterschieden des philhellenischen Denkens: die praktischen Ergebnisse des Philhellenismus scheinen also nicht, wie man vermutet hat, zusammen mit der Bavarokratie abgelaufen zu sein.

Anmerkungen

1. Allg. Zeitung 1835, AoB., S. 1879-1880 u. 1887-1888.
2. H. Löwe, Thiersch und die griechische Frage, Jahresberichte über das K. Maximilians Gymnasium 1912/13, München 1913, S. 92; s. Verzeichnis aller Artikel bei: H.-M. Kirchner, Friedrich Thiersch – seine geistige Welt und seine kulturpolitische Bestrebungen, Bd. 2, München 1955.
3. Löwe, S. 93.
4. s. Briefwechsel zwischen Kolb und Thiersch, verwiesen von Löwe, S. 93.
5. S. 9 der Handschrift.
6. Im Rahmen dieses Programms erschien: G.L. v. Maurer, Die Wittelsbacher in Griechenland, Hrsg. W. Sourlas u. Prof. Dr. Sp. Flogaitis, Athen 1987, und befinden sich in Vorbereitung für August 1987: Fr. Thiersch, Histoire de la Régence royale de la Grèce, Hrsg. Prof. Dr. H. Scholler und Prof. Dr. Sp. Flogaitis, sowie G.L. v. Maurer, Die Wittelsbacher in Griechenland – die Beilagen.
7. J. Irmscher, Die Bayernherrschaft in Griechenland und die Ursachen ihres Scheiterns, in: Stiehl, R. – Stier, M.E. (Hrsg.), Beiträge zur Alten Geschichte und deren Nachleben, Festschrift für Fr. Altheim, Berlin 1970, S. 265.
8. H. Scholler, Einführung in das Werk von Thiersch "Histoire...", s. Anm. 6.
9. s.u.a. K. Dickopf, Georg Ludwig von Maurer, eine Biographie, Kallmütz 1960, S. 16ff.; N. Πανταζόπουλος, Georg Ludwig von Maurer, Ἡ πρὸς εὐρωπαϊκὰ πρότυπα ὁλοκληρωτικὴ στροφὴ τῆς ἑλληνικῆς νομοθεσίας, E.E. Σχ. N.O.E., τ. ΙΓ΄.τχ.β, Θεσσαλονίκη. 1966-1969, S. 1345ff.
10. s. E. Hösch, Die "Bayernherrschaft" und das Problem der Modernisierungsstrategien in Griechenland, in: Institute for Balkan Studies, Der Philhellenismus und die Modernisierung in Griechenland und Deutschland, Thessaloniki 1986, S. 77ff.; N. Pantazopoulos, Die Einordnung Griechenlands in die europäische Gemeinschaft, im selben Band S. 93 ff.; N. Diamandouros, Modernisation, social conflict und cultural cleavage in the formation of the modern Greek State, 1972.
11. Über die Parteien: I.A. Petropulos, Politics and Statescraft in the Kingdom of Greece 1833-1843, Princeton 1968, passim.
12. so z.B. Hösch, a.a.O.; Sp. Flogaitis, Einleitung im Buch von Maurer "Die Wittelsbacher..." (s. Anm. 6), S. 9ff.
13. so z.B. Irmscher, a.a.O., S. 279; Πανταζόπουλος, a.a.O..
14. G. Finlay, A History of Greece from its conquest by the Romans to the present time, Bd. 7, S. 120; N. Δραγούμης, Ἱστορικαὶ ἀναμνήσεις, Ἀθῆναι 1897, Neuauflage 1973, Bd. 2, S. 15.
15. s. Anm. 6.
16. G.L. v. Maurer, Das griechische Volk, Heidelberg 1835, Bd. 2, S.493ff.
17. s. auch F.W. Hamsdorf, Klenzes archäologische Studien und Reisen – seine Mission in Griechenland, in: Ein griechischer Traum – Leo von Klenze, Ausstellungskatalog, München 1985, S. 154; L. Ross, Erinnerungen und Mitteilungen aus Griechenland, Berlin 1863 – Neudruck Leipzig 1982, 7. Kapitel.
18. Maurer, Die Wittelsbacher..., S. 32ff.
19. Maurer, a.a.O.
20. Α. Βακαλόπουλος, γερμανικὰ ἔγγραφα ἀπὸ τὸ Geheimes Archiv τοῦ Μονάχου σχετικὰ μὲ τὴν πρώτη περίοδο τῆς Ἀντιβασιλείας, E.E. Φιλ Σχ., 8/ 1960-

1963, Θεσσαλονίκη 1963, S. 49 ff.: s. andere Denkschriften in Maureriana III.1.1. (Bayerische Staatsbibliothek), Beilagen Nr. 52, 55-59, 71-72.
21 Maurer, D.g. Volk, Bd. 1, S. 2.
22 Maurer, a.a.O., Bd. 1, S. 122ff.
23 Maurer, Die Wittelsbacher..., S. 39ff.
24 Maurer, a.a.O., S. 40; Maureriana III.1.1., Beilagen Nr. 81, 83-91.
25 Allgemeine Zeitung, Beilage Nr. 334, 30.11.1835, S. 2672.
26 Löwe, S. 3ff.
27 K. Βακαλόπουλος, Ἡ περίοδος τῆς Ἀναρχίας, Θεσσαλονίκη 1984, passim.
28 Löwe, S. 9ff.; Kirchner, 2. Band, Exkurs 3.
29 H. Thiersch, Friedrich Thiersch's Leben, Leipzig-Heidelberg 1866, Bd. 2 S. 137ff.
30 Kirchner, Bd. 2, Exkurs 1, Seite 3.
31 Vgl. die Artikel von Thiersch (Allg. Zeitung, s. unten).
32 Löwe, S. 72-74; Kirchner, Bd. 2, Exk.1, S. 1.
33 Löwe, S. 73ff.
34 Kirchner, Bd. 2, Exk. 3.
35 s. Übersicht Löwe, S. 88ff.
36 H. Thiersch, Bd. 2, S. 367.
37 s. Anm. 6.
38 Allgemeine Zeitung, Aob 439/1835, S. 1753.
39 Maurer, D. gr. V., Bd. 1, S. 2.
40 A.Z., S. 1753.
41 A.Z., S. 1753.
42 Allg. Zeitung, AoB 440-441/1835, S. 1758.
43 A.Z., S. 1758.
44 s. die Artikelreihe "Miszellen über Griechenland", Allg. Zeitung 1834, Nr. 82-84, 158, 161, 165-166, 168, 170.
45 Maurer, D.gr. V., Bd. 1, S. 31ff.
46 Maurer, a.a.O., S. 35.
47 Maurer, a.a.O., S. 35ff.
48 wie z.B. Γ. Φιλάρετος, Ξενοκρατία καὶ Βασιλεία ἐν Ἑλλάδι, Neuauflage 1977, S. 73 ff.
49 A.Z., S. 1753.
50 Maurer, a.a.O., S. 461ff.
51 Maurer, a.a.O., S. 122ff.
52 A.Z., S. 1754.
53 A.Z., S. 1757.
54 Maurer, a.a.O., S. 483ff.
55 Thiersch, De l'État..., Bd. 2, S. 117ff.
56 A.Z., S. 1757.
57 Maurer, a.a.O., S. 497ff.
58 A.Z., S. 1757.
59 A.Z., S. 1758.
60 Seite 1 der Handschrift.
61 Übersicht beim K. Βακαλόπουλος, a.a.O., passim.
62 Maurer, d.gr. V. Bd. 2, S. 70ff.; vergl. F. Thiersch, Apologie eines Philhellenen, München 1846, S. 88ff.

63 Maurer, a.a.O., S. 6-7; A. Manessis, Deux États nés en 1830. Bruxelles 1959, S. 44ff.
64 Maureriana III.1.1. (Bayerische Staatsbibliothek), Beilage Nr. 5.
65 S. 1 der Handschrift.
66 Thiersch, De l'État... Bd. 2, S. 213ff.
67 S. 1 der Handschrift.
68 wie z.B. I. Wilharm, Die Anfänge des griechischen Nationalstaates, München-Wien 1973, S. 143ff.; Petropulos, a.a.O., passim.
69 W. Seidl, Bayern in Griechenland, München 1981, S. 111ff.; Irmscher, a.a.O.; Hösch, a.a.O.
70 Thiersch, De l'État..., Bd. 2, S. 214ff.
71 Geheimes Staatarchiv Bayern; MAI 533.
72 Maurer, a.a.O., S. 17.
73 S. 3 der Handschrift.
74 Maurer, a.a.O., S. 191ff.
75 Briefwechsel zwischen Thiersch und Griechen, in: Thierschiana I 87 (Bayerische Staatsbibliothek), darüber s. H. Scholler − K. Vergi, Griechische Politik im Spiegel der Briefe von Kolettis an Thiersch, in: Der Philhellenismus und die Modernisierung ... (s. Anm. 10), S. 65ff.
76 S. 3 der Handschrift.
77 S. 4 der Handschrift.
78 s. Anm. 44.
79 S. 5 der Handschrift.
80 Thiersch, a.a.O. Bd. 2 S. 295ff.
81 Maurer, a.a.O., S. 243ff.
82 S. 5 der Handschrift.
83 Maurer, a.a.O., S. 493.
84 S. 6 der Handschrift.
85 Maurer, a.a.O., 313ff. 362ff.
86 wie z.B. Πανταζόπουλος, a.a.O., S. 1450 ff.; Γ. Νάκος, Τὸ πολιτειακὸν καθεστὼς τῆς Ἑλλάδος ἐπὶ Ὄθωνος μέχρι τοῦ Συντάγματος, Θεσσαλονίκη 1974, passim.
87 S. 9 der Handschrift.
88 S. 11 der Handschrift.
89 N. Saripolos, Das Staatsrecht des Königreiches Griechenland, Tübingen 1909, S. 142ff.
90 S. der Handschrift.
91 Maurer, die Wittelsbacher..., S. 32ff.; C.Th. Heigel, Denkwürdigkeiten des bayerischen Staatsrates G.L. v. Maurer, in: Sitzungsberichte der Bayerischen Akademie der Wissenschaften zu München, 1.-1903, S. 484ff.
92 S. 13 der Handschrift.
93 S. 15 der Handschrift.
94 Thierschiana I. 87 (Bayerische Staatsbibliothek): s.z.B. Brief vom 31.1.1934 (Maurer) und Antwortsentwurf.
95 s. Anmerkung 1.
96 Allg. Zeit. 1835, AoB., S. 1887.
97 A.Z., S. 1888.
98 s.u.a. Hösch, a.a.O., Diamandouros, a.a.O.

Ursula Wiedenmann

Varnhagen von Ense und der griechische Aufstand 1821-1829

Als im Februar 1821 die griechische Erhebung gegen die Pforte ihren Anfang nahm, lebte Karl August Varnhagen von Ense zurückgezogen vom Staatsdienst in Berlin. Eineinhalb Jahre zuvor war er von seinem Amt als preußischer Geschäftsträger am badischen Hof in Karlsruhe auf Metternichs Betreiben wegen Unterstützung liberaler Umtriebe zurückberufen worden.[1] Bis zu diesem Zeitpunkt, im Juli 1819, hatte er das politische Zeitgeschehen in zahlreichen Zeitungsartikeln und Aufsätzen kommentiert. Seine journalistischen Fähigkeiten bewies er bereits in den Jahren der Befreiungskriege. Am Wiener Kongreß nahm er als Legationssekretär im Gefolge Hardenbergs teil, und er begleitete den preußischen Staatskanzler als 'Pressechef' 1815 zu den Friedensverhandlungen nach Paris.[2] Daß Varnhagens journalistische Arbeiten nicht nur beachtet, sondern ebenso gefürchtet waren, belegt Carl Misch im Zusammenhang mit Varnhagens Abberufung aus Karlsruhe, wenn er von dem Ansinnen spricht, das der badische Hof, vermittelt durch Küster in Berlin machte, "man möge diesen gefährlichen Varnhagen nicht unnötig zum Widerstand reizen, sondern ihn irgendwie verwenden, um ihn nicht durch die Sorge um die Existenz dem Journalismus in die Arme zu treiben."[3] Unmittelbar nach seiner Amtsenthebung ist ein deutlicher Rückgang seiner journalistischen Arbeiten festzustellen. Aufgegeben hatte er den Journalismus aber nicht gänzlich, sondern wie zur Zeit des Wiener Kongresses stellte er sich dem preußischen Staat als Verfasser halbamtlicher Zeitungsartikel zur Verfügung. Dagegen hielt er nicht für die Öffentlichkeit bestimmte Kommentare zum politischen Zeitgeschehen ab 1819 in täglichen Privataufzeichnungen fest. Die umfangreichen Korrespondenzen mit seinen Freunden sind ebenfalls Zeugnisse einer persönlichen Auseinandersetzung mit der Tagespolitik. In seinen 'Denkwürdigkeiten' berichtet Varnhagen davon, daß als Vorsichtsmaßnahme nach seiner Abberufung aus Karlsruhe der briefliche Austausch mit den Freunden anfänglich unterblieb, bald darauf aber wiederaufgenommen werden konnte.[4]

Für die Zeit der griechischen Befreiungsbewegung – für die Jahre 1821 bis 1829 – liegen von Varnhagen Äußerungen privater wie für die Öffentlichkeit bestimmter Art vor. Chronologisch beginnen die Textzeugnisse zur griechischen Erhebung in den Briefen Varnhagens von 1821 und 1822. Seine damalige Lebenssituation erklärt den Umstand, daß er sich erstmals in Briefen und nicht in Zeitungsartikeln zu den politischen Ereignissen aussprach.[5] Vom 23.

Mai 1826 datiert ein Aufsatz Varnhagens zur Griechenkollekte in der 'Allgemeinen Preußischen Staatszeitung', der später auch in der 'Spenerschen Zeitung' erschien.[6] Beginnend mit November 1828 – damals hatte Varnhagen nach siebenjähriger Pause seine Korrespondententätigkeit für Cotta wieder aufgenommen[7] – setzte eine Folge von journalistischen Beiträgen in der 'Allgemeinen Zeitung' ein. Im Zusammenhang mit dem Frieden von Adrianopel erschien im Oktober 1829 ein Artikel Varnhagens in der 'Preußischen Staatszeitung'.[8] Neben Anmerkungen zur politischen Situation in Briefen an Freunde verzeichnet Varnhagen in seinen täglichen Aufzeichnungen ab 1821 den Verlauf der Ereignisse.[9] Die folgende Darstellung stützt sich auf das genannte Textmaterial, auf die Beiträge Varnhagens in der Zeitungspresse, auf seine täglichen Zeitkommentare in den Tagesblättern oder im Briefwechsel mit seinen Freunden.

Varnhagen ist in der Geschichte des Philhellenismus keiner der zentralen Wortführer in Deutschland gewesen und deswegen auch nur am Rande als Zeitgenosse und Kommentator der philhellenischen Bewegung bekannt geworden[10].

Varnhagens früheste Äußerungen im Zusammenhang mit der Erhebung der Griechen sind in Briefen an Kerner und Uhland zu finden und werden vor allem in der Hölderlin-Forschung zitiert.[11] Varnhagen, der in freundschaftlichem Briefwechsel mit beiden Dichtern stand, kommentierte 1821 und 1822 die geplante zweite Auflage des 'Hyperion'. Er beglückwünschte Kerner in einem Brief vom 1. Juli 1821 zu dessen "wackern und eifrigen Förderung des schönen Unternehmens" – womit die Neuauflage gemeint war, – und er ergänzte: "Es ist schön, daß diese längst wünschenswerthe Sache endlich zu Stande kommt! Der Hyperion fände keine bessre Zeit."[12] Varnhagen ging es um die Aktualität dieser Neuerscheinung. Besorgt über die Verzögerung, die die Neuauflage erfuhr, schrieb er deshalb am 28. Januar an Uhland: "Wenn doch die Sammlung der Hölderlin'schen Werke endlich erschiene! Diese Griechenzeit geht noch vorüber, und nachher ist die schönste Gelegenheit verloren. (...) Welche Aufnahme war dem Hyperion in der allgemeinen Stimmung bereitet!"[13] Ob dabei Varnhagen meinte, daß die herrschende griechenfreundliche Stimmung der Verbreitung des Romans von Hölderlin nützlich werden könnte oder ob er ihn als "geistige Waffe" im griechischen Freiheitskampf verstanden hat, so der Kommentar zu seinem Brief an Kerner in der Stuttgarter Hölderlin-Ausgabe,[14] kann aus den überlieferten und hier zitierten Äußerungen nicht eindeutig geklärt werden. Unbezweifelbar ist für Varnhagen der atmosphärische Zusammenhang zwischen dem zeitgeschichtlichen Hintergrund im 'Hyperion', nämlich dem modernen Griechenland um 1770, und dem gegenwärtigen Geschehen von 1821/22. Erst am Anfang des griechischen Befreiungskampfes sieht Varnhagen die "Bedingung der Zeit" als erfüllt an, die Voraussetzung, daß das Werk Hölderlins zeitgeschichtlich, wo nicht gar politisch rezipiert werden kann.[15]

Jedenfalls gilt auch für Hölderlins 'Hyperion', was Varnhagen bereits 1818 im Zusammenhang mit der damals gerade erschienenen Kritik Bailleuls an der Revolutionsdarstellung der Madame de Staël geschrieben hat. Gelegentlich, erklärte er nämlich, sei das "Erscheinen mancher Werke (...) wichtigen politischen Ereignissen gleichzusetzen", und diese Erkenntnis bestätigte sich für ihn nicht nur bei der Neuauflage des 'Hyperion'.[16] Vielmehr betonte Varnhagen drei Jahre später immer noch die Aktualität des Romans. In der von ihm verfaßten Rubrik 'Literarische Wünsche' im 'Bemerker', der Beilage zur Zeitschrift 'Der Gesellschafter' kommentierte er die Werke Hölderlins: "Manche der lyrischen Gedichte und sein 'Hyperion' dürfen gerade jetzt der Aufmerksamkeit wieder mit Recht empfohlen seyn."[17]

Der erste politische journalistische Beitrag Varnhagens, in der 'Preußischen Staatszeitung' vom 23. Mai 1826, steht im Zusammenhang mit den Griechenkollekten.[18] Er stellt, wie es darin einleitend heißt, eine "Berichtigung" dar und wendet sich gegen die Mißdeutungen, zu denen die Aufrufe zur Unterstützung der notleidenden Griechen hätten führen können. Die Sache der Griechen, schreibt Varnhagen, habe zwei Gesichtspunkte, einen politischen und einen menschlichen; doch könne "hier gar nicht die Rede" vom politischen sein. Dafür heißt es weiter, liefere das Verhalten der europäischen Regierungen den besten Beweis; sie seien nämlich aus den "Gründen, welche mit den wichtigsten Interessen der eigenen Unterthanen im innigsten Zusammenhange stehen, bisher jeder Einmischung und Theilnahme an einem Kampfe, in welchem die verschiedenartigsten Elemente fast unkenntlich sich verwirren, fremd geblieben". Varnhagen deutet aber eine solche Ausklammerung des Politischen nicht grundsätzlich als eine Beschränkung menschlicher Anteilnahme; vielmehr seien die Sammlungen von "religiösen und moralischen Antrieben ausgehend" veranstaltet worden, "um Elend und Noth hülfloser Mitmenschen, unglücklicher Glaubensbrüder, zu lindern, welches dem Gefühl Aller nahe" liege. Den Versuch, den Kollekten politische Absichten zu unterstellen oder sie in solcher Absicht zu betreiben, verurteilte Varnhagen auch ausdrücklich; es sei Raub am wahren Charakter der Kollekten und ein sie Herabziehen auf das "unsichere, zweideutige Gebiet politischer Partheisucht (...) in welcher auch die bessere Seite nicht leicht ohne Nachtheil erscheint." Politische Hintergründigkeiten wie sie Kommentare in der 'Allgemeinen Zeitung' und der 'Hamburgische Correspondent' zu den Berliner Spendenaufrufen nahelegten,[19] weist Varnhagen als unrichtig zurück. Nach der Versicherung, daß eine nur zu friedlichem Zweck veranstaltete

Sammlung niemals untersagt worden sei, eine zur Unterstützung des Kampfes aber nicht gestattet werden würde, schließt der Beitrag mit dem Verweis auf die im eigenen Land herrschende Not; denn durch sie, wenn sie beherzigt würde, fände die Spendenbereitschaft für die Griechen ihre natürliche Grenze. Der Artikel wurde tags darauf unverändert in der 'Spenerschen Zeitung' vom 24. Mai 1826 noch einmal abgedruckt.[20]

Die von Varnhagen stammenden Beiträge, die ab November 1828 in der 'Allgemeinen Zeitung' veröffentlicht wurden, handeln mehrheitlich von der politischen Entwicklung in Südosteuropa. Es liegen zwei unterschiedliche Typen von Beiträgen vor: Korrespondenzberichte aus Berlin, die neben knappen Informationen über den Verlauf des türkisch-russischen Krieges alles Preußen Betreffende enthalten, und ausführlichere Schreiben, eingesandt aus verschiedenen Regionen Deutschlands oder aus preußischen Provinzen. In diesen werden die Ereignisse vor dem Hintergrund europäischer Politik betrachtet und weniger das Kriegsgeschehen selbst kommentiert. Die ersten 1829 erscheinenden Beiträge befassen sich mit der militärischen Beteiligung von französischer und englischer Seite. In einem Artikel 'Vom Niederrhein, 2. Jan.' wies Varnhagen den gegen Frankreich gerichteten Vorwurf, sich in den griechischen Freiheitskampf eingemischt zu haben zurück und hebt im Gegenteil die Bedeutung der französischen Teilnahme bei der Besetzung von Morea hervor. "Man betrachte die Sache in ihrer Wesenheit, so wird man nicht läugnen können, daß erst in Folge der französischen Expedition das für das ganze Welt wichtige Faktum eines unabhängigen und gesicherten Griechenlands wahr geworden ist."[21] Mit der europäischen Interessenlage befaßte sich Varnhagen in der 'Allgemeinen Zeitung' vom 12. Juni 1829. Eine durch öffentliche Blätter und vor allem die englische 'Times' verbreitete Ansicht, daß Europas Friede durch den türkisch-russischen Krieg gefährdet sei, wird widerlegt mit dem Argument, daß dies nur geschehen könne, falls England in eigenem Interesse den Krieg als Gegner Rußlands zu beendigen beabsichtige. Varnhagens Auffassung nach ist es undenkbar, daß die übrigen europäischen Mächte, besonders Frankreich, die englischen Handelsinteressen zu den ihren erklären und sich damit hinter England stellen könnten: "Wenn sich die Mächte des Festlandes nicht für England erklären, und warum sollten sie es? so wird auch England mit aller seiner sonstigen Macht nichts ausrichten, und dies auch vollkommen einsehen. Wir können uns daher bis jetzt der Überzeugung nicht entschlagen, daß die Ruhe Europa's durch den Fortgang des russisch-türkischen Krieges nicht gestört werden wird!"[22] Die Bedeutung Englands als verantwortlicher europäischer Macht, die in ihrem Handeln nicht nur ihr eigenes, sondern das allgemeine Interesse zu beachten habe, betont daher auch ein weiterer Artikel in der 'Allgemeinen Zeitung' vom 21. August 1829. Varnhagen bemerkte hier über das englische

Ministerium: "(...) gerade dieses trägt seit längerer Zeit einen Charakter, der mehr den gegebenen europäischen Allgemeinheiten, als den individuellen englischen Ansprüchen und Neigungen folgt, und hierin scheint dasselbe auch sehr wohl zu thun."[23]

Je deutlicher sich ein russischer Sieg im Krieg gegen die Türken abzeichnete, desto mehr rückte auch das Thema des gemeinsamen Handelns der europäischen Regierungen in den Mittelpunkt von Varnhagens Überlegungen. Die Erhaltung und Befestigung des Friedens "innerhalb des europäischen Staatensystems" entwickelte sich für Varnhagen zu einem ersten politischen Ziel der Allianzpolitik.[24] Das zweite Ziel war für Varnhagen von seiten der Allianz die Möglichkeit, unter solchen Umständen die Friedensbedingungen zugunsten der Griechen stellen zu können,[25] und die Erörterung dieser Zielsetzung bestimmte die weiteren Artikel Varnhagens. Nach dem Abschluß des Friedens von Adrianopel rühmte Varnhagen das Verhalten des russischen Kaisers Nikolaus I., ebenso wie die von ihm diktierten Bedingungen, die er entgegen anders lautenden Ansichten als gerecht in jedem Sinne verteidigte.[26] Kaum zur Sprache kam in diesem Typus von Beiträgen die Bedeutung Preußens und die preußische Friedensvermittlung durch Müffling. Eine Ausnahme stellt ein unmittelbar vor dem Friedensschluß in der Beilage zur 'Allgemeinen Zeitung' vom 3. Oktober 1829 veröffentlichtes Schreiben 'Aus Schlesien' dar, worin Varnhagen die "Stellung und Rolle unseres Staates in diesen Verwickelungen (...) wenn auch noch nicht in erster Linie, doch unstreitig in erster Bedeutung" sah.[27]

Anders verhielt es sich mit Varnhagens Korrespondenzberichten aus Berlin. In ihnen ist vor dem Friedensschluß von Adrianopel von den politischen Verhältnissen in Südosteuropa kaum die Rede. Dagegen wurden hauptsächlich Ereignisse erwähnt, die den russischen, bzw. den preußischen Staat betrafen und die jeweiligen Repräsentanten dieser Staaten. Abgesehen von Nachrichten über militärische Operationen war das Thema des russisch-türkischen Krieges Meldungen über die Monarchen untergeordnet. Die Anwesenheit des russischen Kaisers in Berlin nahm Varnhagen zum Anlaß, ihn als "ruhmvoller Vorkämpfer der Christenheit" und als "wirksamen Mitbeschützer einer aus tiefer Unterdrückung emporringenden Nation" zu bezeichnen.[28] Berichten über den König von Preußen folgten zustimmende Erörterungen zur preußischen Politik.[29] Die Bedeutung Preußens in der damaligen politischen Situation faßte Varnhagen folgendermaßen zusammen: "Im Gegentheil verwendet Preußen alle seine Vortheile einzig nur zur Aufrechterhaltung des Friedens und ganz Europa wird diese Rolle segnen."[30] Daß die Berliner Öffentlichkeit die politischen Entwicklungen im Zusammenhang mit Griechenland mit Aufmerksamkeit und Anteilnahme verfolgte, geht aus einer

Meldung Varnhagens in der 'Allgemeinen Zeitung' vom 7. Juli hervor. Er berichtete darin über die heftige Kritik und Unzufriedenheit der "hiesigen Griechenfreunde", die hervorgerufen worden war durch die von den drei Großmächten, England, Frankreich und Rußland, entworfenen Regelungen zur Errichtung eines neugriechischen Staates. Diese in den 'Londoner Protokollen' niedergelegte Konzeption über die Gewährung der Unabhängigkeit Griechenlands war durch die 'Allgemeine Zeitung', wie Varnhagen schrieb, bekannt gemacht worden. Die Unzufriedenheit, mit der die Griechenfreunde darauf reagierten, kommentierte Varnhagen zustimmend, weil in den Protokollen wirklich über die Griechen "sehr auffallend verfügt" sei.[31] Bei der Bewertung des Friedens von Adrianopel setzte er seine rühmende Darstellung des russischen Kaisers fort; die Befreiung Griechenlands sei vor allem das Verdienst Nikolaus I.: "Die Fürsorge für die Griechen wird jeder Menschenfreund dem Kaiser besonders hoch anrechnen".[32] Erst in späteren Beiträgen zur 'Allgemeinen Zeitung' vom 13., 22., 29. November und vom 3. Dezember[33] wendete sich Varnhagen dem aktuellen Problem eines neuen griechischen Staatswesens zu. "Das Geschick von Griechenland muß nun baldigst zu einer entscheidenden Wendung kommen, und viele Griechenfreunde sind nicht ohne Besorgniß, daß das kaum wiedergeborene Volk, in seiner nationalen Entwickelung zu früh gehemmt werden könnte."[34] Im Mittelpunkt der Sichtweise Varnhagens standen aber weder Griechenland als Staatsgründung, noch der Frieden zwischen Rußland und der Pforte, sondern der Anteil der russischen Kaisers und des preußischen Generals Müffling als Personen daran.[35] In Müffling feierte Varnhagen den hervorragendsten Repräsentanten preußischer Staatspolitik, und er kommentierte dazu selbst den von ihm für die 'Preußische Staatszeitung' verfaßten Beitrag über die preußische Beteiligung an dieser weltgeschichtlichen 'Wende' in einem Artikel in der 'Allgemeinen Zeitung' vom 23. Oktober.[36]

Der Artikel über Preußens Mitwirkung am Frieden von Adrianopel erschien in der Beilage zur 'Allgemeinen Preußischen Staatszeitung' Nr. 285 vom 14. Oktober 1829, ein zweites Mal im 'Hamburgischen Corresponden-ten' vom 16. Oktober und in französischer Übersetzung im 'Courrier Français' vom 23. Oktober.[37] Ähnlich wie im Staatszeitungsartikel aus dem Jahr 1826 begann Varnhagen auch hier mit einer Berichtigung: "Die mancherlei irrigen Nachrichten und Urtheile, welche über die Mitwirkung Preußens zu der nunmehr glücklich erfolgten Herstellung des Friedens im Orient sich durch öffentliche Blätter verbreiten, geben uns Anlaß, nachstehende gedrängte Darstellung des ganzen Zusammenhanges hier mitzutheilen." Im weiteren Verlauf der Darstellung schilderte Varnhagen die unbedingte Friedensabsicht des preußischen Königs schon aus der Zeit des beginnenden Krieges zwischen Rußland und der Pforte; als Beweis dafür zitiert er die Begegnung des preußischen Königs und des russischen Kaisers während des Aufenthalts Nikolaus I. in Berlin im vergangenen Sommer. Sie habe dazu beigetragen, daß sich die Monarchen gegenseitig ihres unbedingten Willens zum Frieden versichern konnten. Der preußische König, so schrieb Varnhagen, habe seinem "erhabenen Schwiegersohne" erklärt, er sei bereit, "zur Beendigung des Krieges alles, was mit seiner Absicht und den unabweislichen Interessen seines Reiches irgend vereinbar sey, eifrig beizutragen, sobald als die Pforte ernstlich den Frieden nachsuchen und Unterhandlungen hierzu anknüpfen würde." Was Varnhagen im Anschluß an diese Versicherung über die folgende Mission des Generals von Müffling ausführte, erläuterte nur den Entschluß des Königs von Preußen, in "völliger Übereinstimmung mit dem Kaiser" bei der Friedenssuche einen diplomatischen Weg zu beschreiten. "Die Wahl traf den General-Lieutenant von Müffling, der durch seinen Rang, seine Stellung und seine Persönlichkeit geeignet war, dem Großherrn die Wichtigkeit der Sendung, und die Gewißheit der ihm überbrachten Friedensworte zu verbürgen. Sein Auftrag war einzig darauf gerichtet, die Pforte durch die bestimmte Versicherung der unveränderten Friedensgeneigtheit des Kaisers von Rußland zu bewegen, daß sie ohne Verzug in das russische Hauptquartier Bevollmächtigte zur Einleitung des Friedensgeschäfts abordnete." Müffling erwies sich in Varnhagens Sicht der Friedensverhandlungen nicht als deren Urheber, sondern als Vermittler, und bei dieser zunächst passiven Haltung war sein Erfolg nicht das Werk seiner eigenen Initiative, sondern wesentlich ein Produkt der Umstände. Varnhagen verwies dafür auf die siegreiche Überschreitung des Balkan durch den russischen General von Diebitsch ebenso wie die an die Pforte gerichteten Mahnungen "durch die vereinten Vorstellungen der Botschafter der großen Europäischen Mächte." Zu den für die preußische Diplomatie charakteristischen Schritten gehörte auch die von Varnhagen erwähnte Mitwirkung des preußischen Legationsrats Küster; Küster begleitete auf Müfflings Empfehlung hin die türkischen Bevollmächtigten, die beim Grafen von Diebitsch eine Einstellung der Kampfhandlungen bewirken sollten. Von der Privataudienz, zu der Müffling vom türkischen Sultan nach ehrenvoller und erfolgreicher Ausführung seines Auftrags empfangen wurde, sprach Varnhagen ausdrücklich als von einer "Auszeichnung, der kaum ein gleiches Beispiel an die Seite zu stellen seyn dürfte", und er wies besonders darauf hin, daß nur der Dolmetscher der preußischen Gesandtschaft zugegen gewesen und "das sonst übliche Ceremoniel ganz unberücksichtigt gelassen" worden sei.

Den Erfolg, den Müfflings diplomatische Mission erspielte, sah Varnhagen aber auch in der Rolle des preußischen Gesandten von Royer, der Müfflings Vermittlungsbemühungen in einer späteren Phase fortsetzte und damit noch einmal die hervorragende Rolle Preußens bei der Sicherung des Friedens sichtbar gemacht habe. "Dies ist", so schrieb Varnhagen abschließend, "der Hergang der Sache, deren erwünschtes und gewiß weithin gesegnetes Resultat nunmehr eine Menge von Besorgnissen, welche sich jenen langwierigen und blutigen Verwickelungen des Orients verknüpft hatten, in ihren wesentlichen Beziehungen als gehoben betrachten läßt."

Varnhagens Interesse an der griechischen Befreiungsbewegung datiert zwar schon aus deren eigenen Anfängen. Seine Bemerkungen über die Neuauflage des Hyperion-Romans von Hölderlin sind aber als politische Aussagen ohne zeithistorischen Bezug zur Mächtepolitik und deren Einfluß auf die Einordnung der griechischen Frage in die Tagespolitik, und außerdem handelt es sich zunächst nur um briefliche Äußerungen. Schon vor 1826, als Varnhagen sich erstmals in der Presse über Griechenland öffentlich äußerte, hatte er aber in seinen täglichen Aufzeichnungen, ebenso wie in Privatbriefen die Lage in Griechenland tagespolitisch beleuchtet.

Unter seinen Korrespondenzpartnern in diesen Jahren war der in Paris lebende Publizist Konrad Engelbert Oelsner, den Varnhagen von seinem Aufenthalt in Paris 1814 her kannte,[38] einer derjenigen, mit denen ein reger Gedankenaustausch über Politik stattfand. Bis zum Juli 1828, Oelsner starb im Dezember 1828, war die griechische Befreiungsbewegung immer wieder Diskussionsgegenstand zwischen ihm und Varnhagen. Bald nachdem in Berlin sichere Nachrichten über den von Ypsilanti geführten Aufstand eingetroffen waren, schrieb Varnhagen darüber am 1. Juni 1821 an Oelsner: "Aber für die allgemeine europäische Staatskunst ist dies ein Gegenstand unentwirrbarer Verwickelung; jede der Hauptmächte hat andere Wünsche und andere Befürchtungen von dieser Seite (...) Diese Gegensätze, gebilligte Revolution und unterstützte Freiheitsbewegung einerseits und andererseits preisgegebenes Christenthum und versäumte Gelegenheit machen eine schreckliche Klemme, die auf jeder Seite ihre Stacheln hat."[39] Schon 1821 betrachtete Varnhagen daher die griechische Frage als Spiegel eines europäischen Politikverständnisses, dessen Erkenntnisse die spätere publizistische Erörterung derselben Frage 1829 wie vorwegzunehmen schien. Die griechische Freiheitsbewegung war für Varnhagen im Zeitpunkt ihrer Gründung und Sammlung wie auf ihrem Höhepunkt nur als Teil der europäischen Staatenpolitik und ihrer Organisation von Interesse. "Diese griechische Angelegenheit dringt wie ein Keil spaltend in die europäischen Verhältnisse (...) Und muß nicht der Ultra hier in die Wünsche der Liberalen und der Liberale in die der Ultra's einstimmen?" so schrieb Varnhagen in einem Brief vom 12. November 1821 an Oelsner.[40] Schon am Anfang der griechischen Freiheitsbewegung beobachtete Varnhagen ihre negativen Auswirkungen auf die politische

Handlungsfähigkeit der europäischen Staaten. Die Gefahr lag für ihn darin, daß die europäischen Mächte ihren individuellen staatspolitischen Interessen die Einigkeit untereinander opferten und dabei den parteipolitischen Gegensatz von 'liberal' und 'konservativ' im Kreise der beteiligten Staaten verstärkten. Auch in dieser Hinsicht war Varnhagens Beurteilung der griechischen Frage so differenziert, daß er die Widersprüchlichkeit der österreichischen Haltung Griechenland gegenüber als Folge davon durchschaute. Österreich hätte als Mitglied der Heiligen Allianz die griechische Freiheitsbewegung schon aus religiös-konfessionellen Gründen gegen das osmanische Reich unterstützen müssen und befand sich deswegen bei seiner Ablehnung der griechischen Forderungen aus Varnhagens Sicht im Widerspruch zur eigenen christlichen Grundlegung seiner Außenpolitik. Aber auch die in öffentlichen Aufrufen verbreitete Griechenbegeisterung hielt Varnhagen gemessen an der politischen Bedeutung der Freiheitsbewegung für größtenteils falsch oder schwächlich. In seiner Korrespondenz mit Oelsner kritisiert er sowohl das soziale Engagement der Griechenvereine[41] als auch die im 'Österreichischen Beobachter' gegen die "griechischen Aufrührer" gerichteten polemischen Bemerkungen.[42]

Schärfer aber als in diesen Briefen an Oelsner war Varnhagens kritische Beurteilung der Mächte in den persönlichen Aufzeichnungen und Betrachtungen seiner Tagesblätter. Dabei enthält diese Quelle keine neuen Maßstäbe der Betrachtung, wenn Varnhagen sein Augenmerk neben der Entwicklung des griechischen Aufstandes auf das Verhalten der Mächte und der Monarchen richtete, auf den Kaiser von Rußland und auf den König von Preußen. Etwas anderes war dagegen der Vergleich der griechischen Revolution mit den Ereignissen in Spanien und Italien 1821, auf die Varnhagen hinwies. Mit besonderer Aufmerksamkeit verfolgte Varnhagen ebenfalls die Auswirkungen des griechischen Aufstandes auf die österreichische Regierung und die Reaktionen der Presse in Österreich. Eine allgemein österreich-kritische Stimmung zeigt ein Eintrag Varnhagens vom 10. Juli 1821: "Man sagt hier in größter Entrüstung gegen die Österreicher, sie würden am Ende noch ganz türkisch, um nur dem Zeitgeiste zu entfliehen, daß sie katholisch seien reiche nicht mehr hin."[43] Ab 1826 erörterte Varnhagen in seinen Aufzeichnungen auch das politische Verhalten des preußischen Staates zur griechischen Freiheitsbewegung. Entscheidendes auslösendes Moment für Varnhagens Betrachtung der Rolle des preußischen Staates, war der durch den preußischen Minster von Bernstorff freigegebene Abdruck des Hufelandschen Aufrufs zur Unterstützung der Griechen. Varnhagen selbst ist der Zeuge für die begeisterte Aufnahme, die der Aufruf durch seine Veröffentlichung gefunden hat, und er sah darin ein Zeichen des Anbruchs neuer Zeiten "in unserem ganzen politischen Wesen", eine tiefgreifende Veränderung. "Seit vier Jahren durfte hier nichts der Art geschehen, sorgsam wurde jede Äußerung bewacht."[44] Mit der Betrachtung der preußischen Politik verband Varnhagen eine Neubewertung auch der österreichischen Rolle im Konflikt, und aus dieser Sicht entwickelte sich die griechische Frage zunehmend zum Modell einer Erörterung des Gegensatzes zwischen Preußen und Österreich. "Die hiesige Griechensache", bemerkte Varnhagen am 16. Mai 1826, "hat dem Fürsten von Metternich einen empfindlichen Streich gespielt; er sieht Preußen seinem Einflusse entschlüpfen."[45] Immer wieder ging es Varnhagen um die versuchte Einflußnahme auf die preußische Regierung von österreichischer Seite, sei es durch Zensurmaßnahmen oder durch Ausstreuen falscher Informationen.[46] Das Wachsen der öffentlichen Meinung, "nachdem ihr ein Ausbruch gegönnt worden (...) ist nicht mehr zu beschränken", notiert er am 10. Juni 1826. "Vergebens strebt die österreichische Politik noch entgegen, ihre Anhänger können nur noch seufzen."[47] Varnhagen selbst, der durch seine Ausführungen über die politische Situation im Orient in der öffentlichen Meinung tätig war, wurde die griechische Befreiungsbewegung zu einem Anlaß der Auseinandersetzung mit der europäischen Politik in den zwanziger Jahren. Die Bedeutung der griechischen Angelegenheiten lag für ihn in ihrer öffentlichen Aktualität als auslösendes Moment für Meinungsäußerungen überhaupt. "Für die Entwicklung des öffentlichen Geistes in Europa macht diese neue Art von thätiger Theilnahme und Äußerung einen wichtigen Abschnitt, und wird nicht ohne große Folgen bleiben."[48] Die griechische Frage war für Varnhagen ein Konflikt, dessen Bedeutung über die Errichtung eines unabhängigen griechischen Staates hinausreichte. Der von ihm anläßlich der siegreichen Schlacht von Navarino im Tagebuch notierte Vergleich dieser Schlacht mit der Erstürmung der Bastille verdeutlicht Varnhagens geistigen Standpunkt.[49] Er übertrug seine Vorstellung von Freiheit, wie er sie aus der französischen Geschichte vor 1789 kannte, auf den griechischen Freiheitskampf. An ihm bestätigte sich für Varnhagen das Modell einer historischen Freiheitsideologie. Sein Interesse an der griechischen Befreiung war gemessen daran ein übernationales. Den Umstand, daß der Friedensschluß von Adrianopel in diplomatischer Zusammenarbeit Rußlands und Preußens zustande kam, sah Varnhagen in unmittelbarem Zusammenhang mit den Ereignissen der Jahre 1813 und 1814. Im Brief an Oelsner vom 1. Juni 1821 räumte Varnhagen die Möglichkeit ein, daß Ypsilantis Aufstand, ähnlich dem von Ferdinand von Schill im Frühjahr 1809 geführten Freischarenzug durch das Königreich Westfalen, den Erfolg bereits vorweggenommen habe: "(...) so brauchen wir nur auf unseren Schill zu sehen, der zwar schmählich und wie Allen schien, unnütz verunglückte, aber den Yorck zu besserem Glücke vorbereitete und ankündigte; Ypsilanti könnte wohl eine Art Schill sein."[50] Das gemeinschaftliche preußisch-russische Vorgehen gegen Napoleon, das Varnhagen selbst in den entscheidenden Phasen auf der russischen Seite miterlebte und das mit der Befreiung von der napoleonischen Herrschaft endete, erneuerte sich für Varnhagen im griechischen Befreiungskampf. In einem Zeitungsbeitrag 'Berlin, 30. Jun.' verglich Varnhagen den Geist der russischen Truppen, die den Sieg bei Schumla gegen die Türken erfochten, mit dem der Truppen im Jahre 1809.[51]

Preußen, wie es Varnhagen im Rückgriff auf die Befreiungskriege verstand, gewann im Verlauf des russisch-türkischen Krieges immer mehr an Bedeutung. Als freiheitlich orientierter Staat in Varnhagens Sinne unterstützte es die Freiheitsbestrebungen Griechenlands. Varnhagens 1828 einsetzende Berichterstattung in Zeitungsbeiträgen wurde aufgrund dieser Sicht mehr und mehr zu einer Selbstdarstellung des preußischen Staates. Ein weiterer Beweis auch dafür ist Varnhagens Bitte, Oelsner möge in Paris dafür sorgen, daß der 'Globe' von den Griechenliedern Amalie von Helwigs spräche, denn "daß die Gattin eines preußischen Generallieutenants dergleichen darbringt ist immer bedeutend."[52]

Die zentrale Rolle, die Varnhagen dem preußischen Staat in seinen Zeitungsbeiträgen einräumte, entspricht der Führungsrolle, die Preußen während der Befreiungskriege und auch danach unter den deutschen Staaten hatte. Repräsentant dieses Preußen war der General Müffling. Höhepunkt der Preußen-Darstellung Varnhagens im Konflikt um die griechische Frage war der Beitrag von 1829 über den Anteil Preußens am Frieden von Adrianopel.[53] Müffling, der durch seine Leistungen im Befreiungskrieg ausgezeichnete General-Lieutenant, dessen Schriften über 'Die Feldzüge der schlesischen Armee unter dem Feldmarschall Blücher' und 'Die Betrachtungen der großen Operationen und Schlachten der Feldzüge von 1813 und 1814' Varnhagen positiv rezensierte,[54] stellte über seine Persönlichkeit eine symbolische Verbindung zwischen dem Preußen von 1814 und dem von 1829 her. Die besondere Bedeutung der preußischen Beteiligung am Frieden lag aber nach Varnhagen darin, daß Preußen die einstige Führungsrolle gestärkt und erweitert hat in eine führende Rolle unter den europäischen Nationen.

Anmerkungen:

1   Misch, S. 61ff.
2   Greiling, S. 233ff.
3   Misch, S. 69ff.
4   Varnhagen, Denkwürdigkeiten, VI, S. 136, 141.

5 Misch, S. 74ff.
6 Allgemeine Preußische Staatszeitung vom 23. Mai 1826, Nr. 117, S. 476f.; Berlinische Nachrichten von Staats- und gelehrten Sachen vom 24. Mai 1826, Nr. 118.
7 Varnhagen, Blätter aus der preußischen Geschichte (= Blätter), Bd. V, S. 118.
8 Allgemeine preußische Staatszeitung vom 14. Oktober 1829, Nr. 285.
9 Varnhagen, Blätter, Bd. I-V.
10 Hinweise auf Varnhagen in der Sekundärliteratur zum Philhellenismus gibt es kaum; vgl. Rehm, Griechentum und Goethezeit; Barth/Kehrig. Korn, Die Philhellenenzeit; Arnold, Der deutsche Philhellenismus; Maliaridis, Hölderlin als Vorläufer des deutschen Philhellenismus. – Die bereits genantnen Zeitungsartikel mit Ausnahme derjenigen, die in der 'Allgemeinen Zeitung' erschienen sind, befinden sich in der Sammlung Varnhagen von Ense der Jagiellonischen Bibliothek Krakau unter den nachgelassenen journalistischen Arbeiten Varnhagens. Die Identifizierung der Beiträge Varnhagens in der 'Allgemeinen Zeitung' stützt sich auf die Faktorangaben im Redaktionsexemplar im Cotta-Archiv des Schiller-Nationalmuseums, Marbach am Neckar. – Herrn Professor Konrad Feilchenfeldt, München, danke ich für die Bereitstellung des Materials und dessen Benutzung.
11 Stuttgarter Hölderlin-Ausgabe (= StA) 7, 2, S. 481f., 521.
12 Kerner, Briefwechsel, I, S. 520.
13 Uhland, Briefwechsel, II, S. 200.
14 StA 7, 2, S. 482.
15 Varnhagen an Cotta, 24.2.1821, in: Schiller, Briefe an Cotta, S. 28.
16 Vom Main, 26. Okt., Allgemeine Zeitung (= AZ) vom 2.11.1818, Nr. 306, S. 1224.
17 Literarische Wünsche; Der Bemerker Nr. 13, 1825, Beilage zum 75. Bl. des 'Gesellschafters', S. 373. Die Verfaserschaft Varnhagens, die bislang als nicht gesichert galt, vgl. StA 7, 2, S. 572f., ergibt sich aus einem handschriftlich gekennzeichneten Exemplar des 'Bemerker', das sich in der Sammlung Varnhagen von Ense in Krakau befindet.
18 Preußische Staatszeitung, Anm. 6.
19 Hamburgischer Correspondent vom 28. April 1826, Nr. 67; ein Exemplar der Zeitung befindet sich in der Staats- und Universitätsbibliothek Hamburg. Für den bibliographischen Nachweis danke ich Dr. Rolf Burmeister. AZ vom 7. Mai 1826, Nr. 127, S. 508.
20 Berlinische Nachrichten, Anm. 6.
21 Vom Niederrhein, 2. Jan., AZ (Beil.) vom 12. Januar 1829, Nr. 12, S. 45f.
22 Vom Niederrhein, 2. Jun., AZ vom 12. Juni 1829, Nr. 163, S. 651f.
23 Vom Niederrhein, 14. Aug., AZ vom 21. August 1829, Nr. 233, S. 931f.
24 Vom Main, 30. Aug., AZ vom 4. September 1829, Nr. 247, S. 987f.
25 Aus Schlesien, 24. Sept., AZ (Beil.) vom 3. Oktober 1829, Nr. 276, S. 1101f.
26 Vgl. vom Niederrhein, 17. Okt., AZ vom 27. Oktober 1829, Nr. 300, S. 1200.
27 Aus Schlesien, 24. Sept., Anm. 25.
28 Berlin, 9. Jun., AZ vom 17. Juni 1829, Nr. 168, S. 671.
29 Berlin, 15. Jun., AZ (Beil.) vom 22. Juni 1829, Nr. 173, S. 691.
30 Berlin, 12. Jul., AZ vom 19. Juli 1829, Nr. 200, S. 799f.
31 Berlin, 30. Jun., AZ vom 7. Juli 1829, Nr. 188, S. 750f.
32 Berlin, 8. Okt., AZ vom 15. Oktober 1829, Nr. 288, S. 1151f.
33 Vgl. Berlin, 5. Nov., AZ vom 13. November 1829, Nr. 317, S. 1268; Berlin, 14. Nov., AZ vom 22. Nov. 1829, Nr. 326, S. 1304; Berlin, 17. Nov., AZ vom 25. November

1829, Nr. 329, S. 1316; Berlin, 25. Nov., AZ vom 3. Dezember 1829, Nr. 337, S. 1348.
34 Berlin, 17. Nov., Anm. 33.
35 Vgl. Berlin, 8. Okt., Anm. 32.
36 Berlin, 16. Okt., AZ vom 23. Oktober 1829, Nr. 296, S. 1183f.
37 Allgemeine Preußische Staatszeitung vom 14. Oktober 1829, Nr. 285 (Beilage).; Staats- und gelehrte Zeitung des Hamburgischen unpartheiischen Correspondenten vom 16. Oktober 1829, Nr. 165; Courrier Français, Vendredi 23. Octobre 1829, Nr. 296, Prusse. Berlin 14. Octobre. Vgl. Feilchenfeldt, S. 206.
38 Varnhagen, Denkwürdigkeiten, IV, S. 142.
39 Oelsner, Briefwechsel, II, S. 285f.
40 Oelsner, Briechwechsel, II, S. 301.
41 Oelsner, Briechwechsel, II, S. 302.
42 Oelsner, Briechwechsel, II, S. 270.
43 Varnhagen, Blätter, I, S. 337f.
44 Varnhagen, Blätter, IV, S. 49.
45 Varnhagen, Blätter, IV, S. 59.
46 Varnhagen, Blätter, IV, S. 315.
47 Varnhagen, Blätter, IV, S. 73.
48 Varnhagen, Blätter, IV, S. 74.
49 Varnhagen, Blätter, IV, S. 341.
50 Oelsner, Briefwechsel, II, S. 259.
51 Berlin, 30. Jun., Anm. 31.
52 Oelsner, Briefwechsel, III, S. 376.
53 Der Artikel Varnhagens ist ohne Angabe des Verfassers wiederabgedruckt in Müfflings Memoiren, vgl. Müffling, S. 398-402, auch Varnhagen, Blätter V, S. 250.
54 Vgl. Varnhagen, Zur Geschichtschreibung und Litteratur, S. 601-606, 606-612. Die Rezension zu 'Die Feldzüge der schlesischen Armme unter dem Feldmarschall Blücher' erschien erstmals in den 'Berlinischen Nachrichten von Staats- und gelehrten Sachen' vom 18. November 1824, Nr. 272. Der Erstdruck der Rezension zu den 'Betrachtungen über die großen Operationen und Schlachten der Feldzüge von 1813 und 1814' ist bibliographisch nicht zu ermitteln; das Krakauer Material, vgl. Anm 10, enthält nur einen unbezeichneten Zeitungsausschnitt. Vgl. Feilchenfeldt, S. 234ff.

Bibliographie:

Allgemeine Zeitung (AZ) Nr. 306 (2.11.1818), S. 1224.
AZ Nr. 127 (7.5.1826), S. XX.
AZ Nr. 12 (12.1.1829), S. 45f.
AZ Nr. 163 (12.6.1829), S. 651f.
AZ Nr. 168 (17.6.1829), S. 671.
AZ (Beil.) Nr. 173 (22.6.1829), S. 691.
AZ Nr. 188 (7.7.1829), S. 750ff.
AZ Nr. 200 (19.7.1829), S. 799f.
AZ Nr. 233 (21.8.1829), S. 931f.
AZ Nr. 247 (4.8.1829), S. 987f.

AZ (Beil.) Nr. 267 (3.9.1829), S. 1101f.
AZ Nr. 288 (15.10.1829), S. 1151f.
AZ Nr. 296 (23.10.1829), S. 1183f.
AZ Nr. 300 (27.10.1829), S. 1200.
AZ Nr. 302 (29.10.1829), S. 1208.
AZ Nr. 306 (2.11.1829), S. 1224.
AZ Nr. 317 (13.11.1829), S. 1268.
AZ Nr. 326 (22.11.1829), S. 1304.
AZ Nr. 329 (25.11.1829), S. 1316.
AZ Nr. 337 (3.12.1829), S. 1348.
Arnold, Robert F.: Der deutsche Philhellenismus. In: Euphorion, 2. Ergänzungsheft zum 2. Bd., Bamberg 1896, S. 71-181.
Barth, W./Kehrig-Korn, M.: Die Philhellenenzeit. Von der Mitte des 18. Jahrhunderts bis zur Ermordung Kapodistrias am 9. Okt. 1831, München 1960.
Bemerker Nr. 13 1825 (Beilage zum 75. Blatt des Gesellschafter).
Berlinische Nachrichten von Staats- und gelehrten Sachen Nr. 272 (18.11.1824).
Berlinische Nachrichten von Staats- und gelehrten Sachen Nr. 118 (24.5.1824)
Courrier Français Nr. 296 (23.10.1829).
Greiling, Werner (Hsg.): Karl August Varnhagen von Ense. Kommentare zum Zeitgeschehen. Publizistik. Briefe. Dokumente 1813-1858. Leipzig 1984.
Feilchenfeldt, Konrad: Varnhagen von Ense als Historiker. Amsterdam 1970.
Hamburgischer Correspondent Nr. 67 (28.4.1826).
Hamburgischer Correspondent Nr. 165 (16.10.1829).
Hölderlin, Friedrich: Sämtliche Werke. Große Stuttgarter Ausgabe. Hrsg. von Friedrich Beißner, 8 Bde. Stuttgart 1969-1985.
Kerner, Justinus: Briefwechsel mit seinen Freuden. Hrsg. von Theobald Kerner, 2 Bde. Stuttgart und Leipzig 1897.
Maliaridis, Vasilios: Friedrich Hölderlin als Vorläufer des deutschen Philhellenismus. Masch.-schriftl. Magister-Hausarbeit, München 1986.
Misch, Carl: Varnhagen von Ense in Beruf und Politik. Gotha, Stuttgart 1925.
Müffling, Friedrich Carl Ferdinand Freiherr von: Aus meinem Leben. Berlin 1851.
Preußische Staatszeitung Nr. 117 (23.5.1829), S. 476f.
Preußische Staatszeitung Nr. 285 (14.10.1829), Beil.
Rehm, Walther: Griechentum und Goethezeit. Geschichte eines Glaubens, Leipzig 1936.
Schiller, Herbert (Hsg.): Briefe an Cotta. Das Zeitalter der Restauration 1815-1832, 2. Bd., Stuttgart, Berlin 1927.
Uhland, Ludwig: Uhlands Briefwechsel. Im Auftrag des Schwäbischen Schillervereins hrsg. von Julius Hartmann. 4 Tle., Stuttgart, Berlin 1911-1916 (= Veröffentlichungen des Schwäbischen Schillervereins. Bd. 4-7).
Varnhagen von Ense, Karl August: Denkwürdigkeiten des eignen Lebens. Dritte vermehrte Auflage, hrsg. von Ludmilla Assing, 6 Bde, Leipzig 1871.
Varnhagen von Ense, Karl August: Blätter aus der preußischen Geschichte. Hrsg. von Ludmilla Assing, 5 Bde., Leipzig 1868-1869.
Varnhagen von Ense, Karl August: Zur Geschichtschreibung und Litteratur. Berichte und Beurtheilungen. Hamburg 1833.
Varnhagen von Ense, Karl August: Briefwechsel zwischen Varnhagen von Ense und Oelsner nebst Briefen von Rahel. Hrsg. von Ludmilla Assing. 3 Bde., Stuttgart 1865.

Christopher Montoque Woodhouse

English Literary Philhellenes

In the first half on the 19th century, the Romantic movement in English literature reached its high point. There was the greatest outburst of true poetry since the age of Shakespeare and Milton two hundred years earlier --- with the difference that in the early 19th century the finest work was chiefly lyrical and narrative rather than dramatic and epic as it had been in the early 17th.

English prose was also developing a new character in the first half of the 19th century. It was the time when the novel reached its maturity. It was also a time of liberal influence on the writing of history and philosophy. Some of the effects were to be seen in public life. The first quarter of the century was dominated by reactionary governments. In the second quarter liberalism began to prevail.

By coincidence, the first half of the 19th century was also marked by a growing interest in the East. This interest embraced Asia, Turkey and North Africa; but above all it embraced Greece, for a number of speical reasons. Greek was a fundamental part of English education. Greece was more accessible than places further East. It became a favourite destination for wealthy young men embarking on the Grand Tour. The Napoleonic Wars had closed all the nearer countries of Europe to the grand tourists, but the Mediterranean was kept open by the Royal Navy. Consequently Greece was both accessible and attractive.

In the previous century interest in Greek antiquities had been stimulated by the work of Johann Winckelmann in Germany and by the Society of Dilettanti in England. Excavations in Greece began with the new century. The grand tourists began collecting physical mementoes of Greece to bring home. Among the visitors to Greece were architects, who brought back the idea of designing public buildings in the classical style.

So it came about that the Romantic Movement in literature coincided with the Classical Revival in the visual arts. There was no incompatibility between the two. Classicism meant a specific, objective style. Romanticism meant a subjective attitude of mind. They could happily co-exist. In fact, it was quite easy to take a romantic view of classicism, as did Keats and many other poets. It is not paradoxical that the Doric façade of the British Museum, with the Elgin Marbles as its most celebrated contents, belongs to the same period as Wordsworth's deeply introspective poem, 'The Prelude', and as Byron's epic comedy, 'Don Juan'.

In these happy circumstances, one might have expected that when the Greek Revolution against the Ottoman Empire broke out in 1821, there would have been an outburst of enthusiastic support for it from the cultivated classes in England. This might have happend if the romantic poets and the grand tourists had been the same people. But with the single exception of Byron, they were not: they were two different categories.

The ruling class in England was pro-Turkish for political reasons. It feared that if the Ottoman Empire was broken up, Russia might take possession of the remnants, including Constantinople and also Greece. It feared, too, anything that might lead to a repetition of the French Revolution and the subsequent wars. Britain was not yet a liberal democracy. It was governed under the Six Acts of 1819, restricting freedom of speech, public meetings, trade unions and suchlike expressions of dissidence. There were 223 different crimes for which a death sentence could be imposed. One of the few poetic, and prophetic, voices raised against this harsh system was Byron's.

Byron apart, the fears of the ruling class communicated themselves even to poets. Wordsworth was a notable example. In his youth, he had been in Paris during the French Revolution. In 1791 he was carried away with enthusiasm for that great event.

> Bliss was it in that dawn to be alive,
> But to be young was very heaven,

he wrote. But soon afterwards when the Revolution turned into the Terror, Wordsworth's enthusiasm turned to horror. A generation later he became a diehard reactionary, devoting his great talents to a strange sequence of sonnets in praise of capital punishment.

Wordsworth had no particular feelings about the Greeks, though of course he had learned Greek at school and at Cambridge. He wrote a series of some fifty poems 'Dedicated to National Independence and Liberty', with copious references to Italy, Spain, Sweden, Switzerland and San Domingo, but not a word for the Greeks. It is true that these poems were all written before the Greek Revolution, but that event added nothing to them. In later years Wordsworth's feelings towards the Greeks may even have turned from indifference to sourness when his nephew was kidnapped by Greek brigands. But the young man survived to become a headmaster and a bishop.

For the most part, English writers idealized only the Greeks they read about in books. They translated and imitated the Greek classics; their poetry was steeped in Greek mythology; but they did not connect the Greeks of their imagination with those living in their own time. Few of the romantics, other than Byron, travelled further than Italy. If they learned anything of contemporary Greece at all, they were disappointed with the modern Greeks for failing to live up to their images of Pericles, Euripides and Plato.

Thus, although early 19th century poetry is saturated with Greek references, almost all of them relate to the remote past. Coleridge, for example, annotated his most famous poem, *The Rime of the Ancient Mariner*, with references to the ancient historian Josephus and the Byzantine philosopher Psellus. Keats' poetry is rich in romanticized Greek mythology but never mentions a living Greek. Perhaps it would have been different if he had lived to witness the Greek Revolution, but he died in February 1821, one month before it broke out.

Nor was there any sympathy for the living and struggling Greeks among the well-known novelists. Walter Scott, Benjamin Disraeli and Bulwer Lytton were not narrow nationalists, but although some of their novels have exotic settings none of them found any inspiration in Greece. Disraeli was a warm admirer of the Turks and strongly disapproved of the Greek Revolution. Bulwer Lytton, who was approached in 1863 with the suggestion that he might be a candidate for the Greek throne, reacted with dismay. One of his objections to the Greeks was their incomprehensible language, so different from the Greek he had learned at school.

I must add, however, that Bulwer Lytton's elder brother, Henry, was more sympathetic. In 1824, when Byron died, Henry was sent to replace him in charge of the funds raised in London for the benefit of the Greeks. He enjoyed himself, and wrote a charming book called *An Autumn in Greece*. He also wrote other books, including a life of Byron; but his main career was in diplomacy, and he cannot be accounted a major literary figure alongside his brother.

Where then were the English literary philhellenes to be found? A natural way to start looking for them is in a study of two contemporary lists. One gives the membership of the London Greek Committee, which raised loans for the Greeks. This list includes 85 names. The other is the list of those who went as volunteers to join the struggle in Greece. This contains 79 names, but is probably incomplete. Only two names are common to both lists. One of course is Byron. The other is Thomas Gordon, a retired General who later became Commander-in-Chief of the Greek Army. He also deserves mention as a writer, since he published the first *History of the Greek Revolution* in 1832.

A few others in the list of volunteers who served in Greece deserve mention as writers also: for example, George Finlay, who wrote an excellent history of post-classical and modern Greece; David Urquhart, who wrote *The Spirit of the East,* showing much greater sympathy for the Turks than for the

Greeks; and Edward Trelawny, who wrote *Adventures of a Younger Son*, an autobiographical novel which was acclaimed as 'the cleverest book of the season' in 1835.

But these and others must be discounted for various reasons. All of them took to writing only after their experiences in the Greek Revolution. None of them would have earned a reputation purely on their merits as writers. And all of them were more or less disillusioned with the Greeks. Finlay and Urquhart even doubted whether they had done right to support the Greek Revolution at all.

One must return for a more enlightened view to the list of the London Greek Committee. Apart from Byron, it included four literary names of significance: three poets and a liberal philosopher. The philosopher was Jeremy Bentham, the progenitor of the doctrine of Utilitarianism That doctrine was summarized in the saying that 'the greatest happiness of the greatest number is the foundation of morals and legislation'. Naturally he hoped to see this principle put into effect in Greece. But he did not confine his vision to the Greeks. He hoped, for example, that the Egyptians would also win their independence from the Ottoman Empire. In 1828 he wrote to Mehmet Ali, the Ottoman Viceroy of Egypt, Urging him to give the Egyptian people a constitution and to declare his independence from Constantinople. He even offered to educate Mehmet's heir in his own home in London. This proposal was somewhat ironic, since Mehmet's heir, Ibrahim Pasha, had been spending several years leading his Egyptian army in a reign of terror against the Greeks.

It is rather among the poets, and especially the friends of Byron, that one expects to find the true philhellenes. The three who joined Byron as members of the London Greek Committe were Thomas Campbell, Thomas Moore, and Samuel Rogers. It is interesting that although all three are naturally called English poets, Campbell was a Scot, Moore was an Irishman, and Rogers' family came from Wales. This neatly illustrates the fact that the minority nationalities of the British Isles were disproportionately represented among the philhellenes. Even Byron was Scottish on his mother's side, though he hated to admit it.

Undoubtedly Campbell, Moore and Rogers joined the London Greek Committee under the influence of Byron. Although all three of them had a classical education, none of them expressed in his poetry anything comparable with Byron's sympathy for the Greeks, nor did any of them ever set foot in Greece. Rogers planned to write a sequel to Byron's *Childe Harold*, set in Italy, not in Greece. It is probably fortunate it was never published. Campbell specialized in romamtic accounts of battle-scenes, mostly celebrating British victories, but he did venture on one philhellenic effort, called *The Song of the Greeks*. It contains the following well-meant quatrain:

> Again to the battle, Achaians!
> Our hearts bid the tyrants defiance;
> Our land, the first garden of Liberty's tree ---
> It has been, and shall yet be, the land of the free.

One can only call that a very pallid imitation of Byron.

Moore also imitated Byron, whom he warmly admired and loved. He brought a genuine inspiration to his poems on liberty, but it is clear that whether he was talking about the liberty of Greece or of anywhere else, what he really had in mind was the liberty of Ireland. He was an intensely patriotic Irish Catholic, a friend of Irish rebels, and therefore something of an outsider in polite London society. For that reason the friendship of Byron meant much to him. But this did him little good, since Byron himself, although a member of the hereditary aristocracy, had become an outsider too. Moore therefore did his best to mitigate Byron's bad reputation. He destroyed Byron's own memoirs, for instance, wrote a more discreet biography of his hero. He was also careful in his own poetic works.

Moore's longest and best-known poem, *Lalla Rookh*, was set in the Middle East. The Greeks appear in it only as the creators of the Macedonian phalanx and the inventors of Greek fire; but at least they appear as warriors, which is of some significance since *Lalla Rookh* was written in 1817, four years before the Greek Revolution. Moore's biographer, Richard Garnett, commented that it showed 'the poet's extreme dexterity in cloaking Irish patriotic aspirations under the garb of oriental romance'.

It was only in 1825 that Moore expressed himself openly as a philhellene, with his collection of songs called *Evenings in Greece*. In accordance with the current fashion, most of the songs are based on classical antiquity, but one or two refer to the Greek Revolution itself. One moving stanza touches on the death of Byron:

> 'Twas from an isle of mournful name,
> From Missolonghi, last they came ---
> Sad Missolonghi, sorrowing yet
> O' er him, the noblest Star of Fame
>   That e' er in life's young glory set.

Even here one cannot help noticing the error of thinking that Missolonghi was an island. One also cannot help feeling that Moore's imaginary *Evenings in Greece* were less real to him and less deeply felt than his *Irish Melodies*. I doubt whether *Evenings in Greece* would ever been written if it had not been for the friendship of Byron.

Byron was of course the uniquely great figure among the literary philhellenes. But before I speak further of him there is one other name to be mentioned. Shelley, like Moore, was also a devoted friend of Byron's. His name is not to be found in the list of the London Greek Committee, because he died a year before it was formed. But it is very clear that in 1821, on the outbreak of the Greek Revolution, his imagination underwent a dramatic change.

Hitherto his poetry, like that of Keats, had been steeped in classical mythology bearing no relation to contemporary reality. He lived in an ethereal world of his own. But in April 1821, when he was living at Pisa, he was visited by Alexander Mavrokordatos, one of the leaders of the Greek revolution and later Prime Minister of Greece. Shelley was much impressed by Mavrokordatos, to whom he dedicated the last of his lyrical dramas, *Hellas*.

Hellas was inspired by a conviction that the Greek revolution must succeed, though Shelley never lived to see its outcome. Like Byron, but unlike the lesser poets, Shelley felt a genuine passion of philhellenism. He saw in it a symbol of universal release from oppression, rather like Beethoven's *Fidelio* or Aeschylus' *Persians*. Indeed, he consciously based the structure of his drama on that of Aeschylus, setting the scene, as Aeschylus did, in the camp of the enemy rather than that of the Greeks.

The feeling comes through vividly in the final chorus:

> The world's great age begins anew,
>   The golden years return,
> The earth doth like a snake renew
>   Her winter weeds outworn:
> Heaven smiles, and faiths and empires gleam,
> Like wrecks of a dissolving dream.

And a later stanza returns specifically to Greece:

> Another Athens shall arise,
>   And to remoter time
> Bequeath, like sunset to the skies,
>   The splendour of its prime;
> And leave, if nought so bright may live,
> All earth can take or heaven give.

Shelley left no room for misunderstanding by adding preface to the work in which he bitterly criticized

'The apathy of the rulers of the civilised world to
the astonishing circumstance of the descendants of
that nation to which they owe their civilisation,
rising as it were from the ashes of their ruin...'

He added a justified claim in *Hellas* he had

'... wrought upon the curtain of futurity, which falls
upon the unfinished scene, such figures of indistinct
and visionary delineation as suggest the final triumph
of the Greek cause as a portion of the cause of civilisation and social improvement.'

This splendid example of Shelley's imagination also shows for the first time a dynamism more characteristic of Byron.

Shelley's philhellenism was purer than Byron's because it was uncontaminated by cynicism. Byron mocked everything and everybody, including himself. He detested any sort of enthusiasm, which he called 'enthusy-musy'. He knew the Greeks too well to idealize them as Shelley did. His philhellenism was rooted in personal experience, not in distant dreams. Unlike any of the other romantic poets, he knew the hard life of the Greeks before the revolution, and described how he shared it in his narrative poem, *The Siege of Corinth* (1816):

We forded the river, and clomb the high hill,
Never our steeds for a day stood still;
Whether we lay in the cave or the shed
Our sleep fell soft on the hardest bed:
Whether we couched in our rough capote,
On the rougher plank of our gliding boat,
Or stretched on the beach, or our saddles spread
As a pillow beneath the resting head,
Fresh we woke upon the morrow:
    All our thoughts and words had scope,
    We had health, and we had hope,
Toil and travel, but no sorrow.

Philhellenism for Byron was action, not simply sentiment as it was for Shelley. Byron once described himself as 'soldier-mad'. He prided himself on being what he called 'a doing man'. He was amused that his colleague, Colonel Leicester Stanhope, a veteran of the Napoleonic wars, wanted to liberate the Greeks by setting up printing-presses and publishing newspapers and pamphlets to expound the principles of Jeremy Bentham. 'Stanhope, the soldier, is all for *writing* down the Turks,' he said, 'whilst I, the writer, am all for *fighting* them down'. Characteristically, Byron's last poem underlined his self-styled militarism:

> Seek out --- less often sought than found ---
> A soldier's grave, for thee the best;
> Then look around, and choose thy ground,
> And take thy rest.

Few men actually wanted to die a soldier's death; Byron did so.

This aspect of Byron as a man of action is significant in the assessment of his contribution to the Greek revolution. His contribution was not merely symbolic. Any Greek who imagined that Byron's presence in Missolonghi demonstrated the sympathy of the ruling classes in Britain or western Europe for the revolution would have been seriously deluded, for the facts were quite contrary. Byron was an isolated figure. What his presence in Missolonghi demonstrated was not western sympathy but simply the clarity of his own historic vision.

Byron's clear-sightedness was remarkable in many instances, not confined to his sympathy with Greece. As a hereditary peer, he was a member of the House of Lords, where he made three, and only three, speeches in his life. All three speeches were concerned with topics which were then revolutionary but are now taken for granted. One was on Catholic emancipation; one was on parliamentary reform; and one was on a motion to abolish the death penalty for the sabotage of industrial machinery. In each case Byron was opposing the prejudices of his own class, and in each case he was right; but it was not until after his death that any of these causes was won.

In the case of Greece, other examples of his clear-sightedness deserve mention. He was one of the first English writers to appreciate the importance of Adamantios Koraïs, The Greek classical scholar then living in Paris. He was also the first Englishman to characterize the removal of the Parthenon sculptures by Lord Elgin's agents as an act of historic vandalism. He transfixed Elgin with a satirical poem, *The Curse of Minerva* (1811), from which I will quote only one couplet:

> Frown not on England; England owns him not:
> Athena, no! thy plunderer was a Scot.

Byron's vision sometimes erred, of course. In 1810 he expressed the view that the Greeks would never gain their independence. He thought their best hope was to become a British colony. But he was frank in later admitting his mistakes; and once the Greek revolution had broken out, he was the one foreigner with the determination to see it through to success. Other volunteers in

Greece survived by giving up the struggle and going home. Byron was the great exception.

He was also the one who saw most clearly the crux of the Greco-Turkish struggle. The crux, in the most literal sense, was Missolonghi. Missolinghi stood at the junction of the North-South axis down the western flank of Greece and the East-West axis through the Gulf of Corinth, leading to the Isthmus and Athens. So long as the Greeks held Athens and Missolinghi, the Turks would have great difficulty in recovering control of the Peloponnese. Byron and Mavrokordatos appreciated this crucial fact, which was proved a year after Byron's death; for when the Turks captured the Acropolis of Athens and the fort of Missolonghi, the Greek revolution almost completely collapsed, to be rescued only by the battle of Navarino in 1827.

Unlike Athens, which was famous throughout Europe, Missolonghi only became famous as a consequence of Byron's death. But Missolonghi was not important because Byron died there; rather, Byron died there because Missolonghi was important. His death added a historic, international importance to the local strategic importance which the place already had.

Byron would have been cynically amused by the thought that his death at Missolonghi was his greatest service to the Greeks. But it was so because he was already the most famous English poet of his time in Europe, much to the annoyance of his respectable fellow-countrymen. He was recognized not only as a great poet but as a historic phenomenon. In France he was compared with Napoleon. In Italy, where he had been associated with the Carbonari, he was regarded as a hero of the liberation movement. In Russia, a book of Byron's poems was carried to the scaffold by the poet Ryleyev one of the young rebels executed after the failure of the Decembrist Revolution in 1825. In England, however, he had to wait 150 years before he was granted a tablet in the Poets' Corner of Westminster Abbey. Only a few years before that, he had received a remarkable recognition from Bertrand Russell, who included a chapter on Byron in his *History of Western Philosophy* (1946). But of course Bertrand Russell himself was an outsider, as well as an aristocrat and a great philosopher.

Apart from Greece, perhaps the most impressive scene of Byronic influence was here in Germany. In the *Helene,* the third Act of the second part of *Faust,* Goethe presented Byron in the character of Euphorion, the child of Faust and Helen. He told his young friend Johann Eckermann why he did so: not merely because Byron was 'the representative of the latest era of poetry' and 'without doubt the greatest talent of the age'; he was 'neither classical nor romantic, but like the very day that dawns'; but also because of 'his insatiable nature and his impulse to warfare, which led him to meet his death at Missolonghi'.

Goethe set the scene of Faust's romance with Helen at Mystra in the southern Peloponnese. It is the most romantic site in all Greece, in a literal as well as a poetic sense. Not a trace of classical antiquity is to be found in this 13th-century Byzantine city, though classical Sparta, from which Helen was brought by Mephistopheles to join Faust, lies in a valley only five miles away.

Euphorion, the child of Faust and Helen, is still remembered in Greece --- more often under the name of Byron, but also under Goethe's symbolic pseudonym. In 1979, when Greece formally joined the European Community, the Prime Minster, Karamanlis, made a speech at the ceremony of signing the Treaty, in which he recalled Goethe's poetic drama. Faust, he said, stood for the romanticism of the North, Helen for the classicism of the South. Karamanlis concluded that it was 'time for Europe's Faust to make a new journey to the land of harmony and proportion, there to beget a new Euphorion.'

The inspiration of Karamanlis' theme on that occasion came from his friend Panayotis Kanellopoulos, a former Prime Minister, a great scholar, and my master in modern Greek, who died last year. In his monumental work, the *History of the European Spirit,* Kanellopoulos devoted no less than seven chapters to Byron --- far more than to any other single name. He justified it in these words at the end of the last chapter:

> 'There is no other poet in the whole of Europe who meant as much as Byron in his own time. And there is no other who became, as Byron did, a national hero in another country, not his own. And he is worshipped to this day as a national hero of the Greeks. Byron is a unique phenomenon in the history of the European spirit, and in the history of Europe in general, or even of the whole world.'

I can add no more but to subscribe to the judgment of Goethe and Kanellopoulos. Byron is, as any Greek will tell you, $'\ἀπoράμιλλoς\ καὶ\ ἄφθαστoς$ -- without rival and beyond compare.

Personenregister

Abdul-Hamid I. 20
Abel 121, 129
Aischylos 113, 154
Albion 76
Alexander I. v. Rußl. 55, 61, 112
Ali v. Tepelen 17ff., 88
Alkinoos 75
Amalie 16, 106, 107
Anakreon 19
Andersen, H.Ch. 103, 104, 106, 108, 109
Andreossy, A.-F. 24, 29
Andriskos v. Preseva 27
Antoniades, G. 89
Arago, E.-V. 20
Archilochos 79
Aristomenes 77
Aristoteles 42, 72, 113
Armansperg, J.L. v. 121, 129, 130
Assing, L. 148
Athene 74, 114
Attila 26

Bailleul 137
Bambas 34, 36
Bayrhoffer, I.D. G. 33
Beethoven, L. v. 154
Belestinlis, R. 11
Bentham, J. 152, 155
Bèranger, P.J. de 17
Bernstoff, v. 143
Berton, J.M. 50
Bessarion 44
Bignon, M. 62

Blücher, 145, 147
Blychroniadis, K. 46
Bonald, H. de 51
Bond, A. 32
Botsaris, E. 105
Botsaris, M. 71, 105
Brachmann, L. 68
Brønsted 66, 100, 101, 102, 108, 109
Brun, F. 68
Burdach, K. 64, 71
Burgess, Th. 31, 39
Byron 11, 13, 14, 43, 65, 66 69, 77, 92, 95, 97, 99, 150, 151ff.

Campbell, Th. 152
Canning 60
Canova, A. 114
Capigi-Bachi 24
Chamisso, A. v. 68
Chandler, R. 72
Chateaubriand, F.-R. de 13, 17, 20, 51, 53ff., 65
Choiseul-Goufier 72
Christus 38, 111
Cicero 75
Coleridge 151
Colonas 23
Coniam, A. 62
Coray, P. 50
Cotta 136, 146, 148
Cramer-Klett, A.M. v. 16
Cramer-Klett, R. v. 16
Crusius, M. 63

D'Ansse de Villoison 31
Dalberg u. Gagern, v. 67
Darius 86
Dawkins 121
Delacroix, E. 17, 65
Demosthenes 37
Didot, F. 47
Diebitsch, v. 141
Dionysios 37
Dionysos 79
Disraeli, B. 151
Donzelot 23, 24
Dorph, N.B. 109
Dubois, A. 17
Dumast, G. de 51

Eckermann, J. 157
Elgin, 151, 156
Endymion 77
Erasmus 63
Euphorion 14, 157, 158
Euripides 37, 151

Fallmerayer, Ph. 68, 106
Fauriel, C. 17, 47, 51, 66, 69
Faust 13, 14, 157, 158
Fenger, J.F. 102, 103, 108, 109
Feraios, R. 47
Finlay, G. 92, 151, 152
Fisk, P. 31ff., 38, 39
Frangiadis 31
Friedrich VI. v. Dänemark 102

Gentz, F. v. 69
Géricaut, J.-L.Th. 65
Gerlach, S. 63
Germanos v. Patra 26
Giorgiones 114
Gise 121
Gjellerup, K. 108, 109

Goethe, W. v. 11, 12, 13, 14, 65, 66, 115, 157, 158
Gordon, Th. 92, 151
Grosse, E. 68
Grundtvig, N.F.S. 100, 109
Guilford 50, 94, 95, 96

Haller v. Hallerstein 115
Hansen 108
Hardenberg 135
Hastings, F.A. 92
Haxthausen. W. v. 66
Heinse, W. 13, 65
Helena 14, 157, 158
Helwig, A. v. 68, 145
Herder, J.G. 65, 66
Herodot 37, 63
Hess, P. v. 65
Hillebrand, K. 70, 72
Hölderlin, F. 12, 13, 65, 136, 137, 142, 146, 148
Homer, 37, 76, 113
Hughes, S. 24
Hugo, V. 13, 17, 65

Ianco, G. 21, 22
Ibrahim Pascha 62, 88, 93, 152
Ignatios 44, 51
Iken, K. 47, 50, 68
Iphigenie 113
Isokrates 37

Jefferson, Th. 31
Jervis-White, H. 96
Johannes Chrysostomos 34, 35, 37
Josephus, F. 151
Jowett, W. 32, 33, 36

Kalergis 108
Kanaris 71

Kanellopoulus, P. 158
Kanellos, S. 47
Kant 67
Kapodistrias, J. 44, 51, 54, 60, 61, 68, 93, 122, 148
Karamanlis 158
Katharina II. 64, 93
Keats 149, 151, 154
Kerner, J. 136, 146, 148
Kerner, Th. 148
Kind, K.Th. 68
Kipling, R. 108
Kirkegaard, S.A. 103
Kléber 18
Kodrikas, P. 46, 51
Koes, G. 100
Kokkinakis 31
Kolb 119, 132
Koletti, v. 134
Kolokotronis 113
Kontostavlos 31
Korais, A. 31, 34, 38, 39, 44, 45, 46, 50, 66 68, 72, 100, 156
Koumanoudis, S. 50
Krazeisen, K. 65
Krug, W.T. 67
Küster 141

La Ferronnays 55
Lamartine, A. de 17, 20, 65
Laskaris, J. 44
Lesseps, F. de 19
Lessing, G.E. 12, 65
Lobkowitz, B. v. 63
Ludwig I. v. Bayern 14, 68, 105, 113ff., 121
Ludwig XVIII. v. Frankr. 25, 53
Lukianos 37
Lüth, A.H.F. 107
Lüth, Ch. 107, 109
Luther, M. 64

Lysandrides, Marchese Rialti 87, 88
Lytton, B. 151
Lytton, H. 151

Macharios, Hl. 27
Madeleine v. Corrége, Hl. 27
Magerle, U. ("Abraham a Santa Clara") 63
Mahomet (=Mohammed) 64
Maitland, Th. 94
Marmont, V. de 21
Martinos 33
Maurer, G.-L. v.119ff., 129
Mavrokordatos, A. 113, 154, 157
Mavromichalis 113
Mehemet (Effendi) 21
Mehmed (Muhammad) Raschid Pascha (Kütachi) 49
Mehmet Ali 152
Melanchthon 63
Mendelssohn-Bartholdy, K. 89, 90
Mephistopheles 158
Metternich, C. v. 11, 60, 86, 90, 112, 135, 144
Miaoulis 71
Milton, J. 64, 149
Minas, K.M. 46
Mohammed d. Eroberer 57
Montgelas 113
Moore, Th. 152, 153, 155
Motte Fouqué, F.H. de la 68
Müffling 139, 140, 141, 145, 147, 148
Müller, W. 69
Münch, E. 90
Murhard, F.W.A. 72
Mustafa Kemal Pascha (Atatürk) 48
Mustafa Pascha 18

Napoleon 18ff., 25, 28, 112, 114, 115, 144, 157

Nero 26
Neroulos, J.R. 47, 50
Nesselrode, K.R. v. 51
Niebuhr 67
Nikolaus I. 112, 139, 140
Nikolopoulos, K. 46
North, F. 91, 92, 93

O'Morton, D. 32
Odysseus 27, 73, 75
Oelsner, K.E. 142, 143, 144, 145, 147, 148
Orlow, F. 64
Otto I. 14, 68, 70, 106, 113, 117, 118 120, 122

Paar 87
Palaiologos, G. 46, 51
Papadopoulos, J. 12
Paradise, J. 31
Parker, T. 25
Parsons, L. 31, 32, 34, 1
Paulus 59, 111
Perikles 113, 151
Pewett, Th. 34
Pheidias 113
Pherekydes 79
Philonos, R. 16
Pichler, C. 87, 88, 90
Pindar 37, 96, 113
Pittschaft 69
Platon 37, 42, 96, 113, 151
Plinius (d.J.) 78
Plutarch 37
Polychroniadis, K. 51
Poseidonia 114
Pouqueville, F.- Ch. 17ff., 72
Pouqueville, H. 20, 22, 23, 24, 26, 27
Priamos 78, 81

Prokesch v. Osten, A. 73, 74, 78, 79, 84, 86ff., 104
Psellos, M. 151
Pythagoras 79

Rahel 148
Rangavis, A. 15
Reuchlin 63
Richelieu, A.-J. 53
Richmond, L. 34
Richthofen, J. v. 69
Ritschl 67
Robespierre, M. de 18
Rogers, S. 152
Ross, L. 132
Rottmann, C. 65
Royer v. 141
Ruffin, P.J. 19
Ruffin, R. 19
Ryleev, K.F. 157

Sandarosa 13
Schefer, L. 68
Scheffer, A. 65
Schill, F. v. 144
Schiller, F. 12, 65
Schinas, M. 46, 50
Schneller, J. 77, 88, 90
Schott, A. 67, 72
Schubert, F. 88
Schwab, G. 88, 90
Scott, W. 151
Sebastiani 21, 22
Ségur, S. v. 20
Shakespeare, W. 149
Shelley, P.B. 12, 13, 65, 154, 155
Sheridan, Ch.B. 50
Solomos 47, 50
Sondershausen, K. 69
Sophokles 33, 37, 42, 113

Spaniolakis, Th. 44
Spiliades, N. 62
Stackelberg 66
Stael, Madame de 137
Stanhope, L. 155
Steinsdorf 107
Stieglitz, H. 68

Talleyrand, Ch.M. de 20, 25
Tertsetis, G. 42, 50
Theophanis 78
Thiersch, H. 14, 67, 68, 119ff., 130ff.
Thykydides 42
Tizian 114
Trelawny, E. 152
Tsatsos, C. 56, 62
Typaldos, G.K. 34
Uhland, L. 135, 146, 148
Urquhart, D. 151, 152

Vamvas, N. 35, 36, 38, 39
Varnhagen v. Ense, K.A. 135ff., 145ff.

Vasiliki 27
Velestinlis, R. 66
Vergil 37
Villèle, J. 54, 55, 60
Voß, J.H. 67

Waiblinger, W. 65, 69
Watt, I. 34
Williamson, Ch. 33, 34
Winckelmann, J.J. 64, 149
Wordsworth 150
Wülfer, J. 63

Xenophon 37
Xerxes 86

Yale, E. 35
Yorck 144
Ypsilantis, D. 12, 45, 51, 86, 113, 142, 144

Zedlitz, J.Ch. v. 68
Zeus 74, 77, 82, 114
Zosimas, M. 44

Geographisches Register

Aarene 109
Aboukir, Bucht v. 18
Adria 94
Adrianopel 87, 136, 139, 140, 144, 145
Afrika 60, 149
Ägäis 73
Ägina 115
Ägypten 19, 38, 152
Aiwalyk 78
Akrokeraunisches Vorgebirge 73
Albanien 19, 29, 72
Alexandria 18, 38
Amerika 59
Anatolien 61
Andover, Massachusetts 32
Argenik 28
Argos 81
Asien 57, 60, 149
Athen 36, 49, 50, 59, 61, 78ff., 89, 93, 94, 100, 101, 104, 105, 107, 109, 116, 119, 154, 157
Ayvalik 32, 39

Balkan 141
Bayern 14, 113, 114, 117, 118
Beirut 38
Berlin 55, 67, 135, 138, 139, 141, 142, 145, 146
Böotien 16
Bosporus 48, 84
Boston 32
Britsche Inseln 152
Bukarest 23
Burlington 32

Byzant. Reich 47, 48
Byzanz 44

Caen 17
Cambridge 150
Cayster 81
Ceylon 93
Chios 31, 32, 33, 34, 35, 38, 39, 43, 68, 71, 75, 78, 80, 81

Dalmatien 21
Dänemark 99, 104, 106, 109
Dardanellen 78
Delos 77, 78, 79, 80, 81, 90
Deutschland 9, 12, 15, 16, 63, 64, 67, 69, 70, 71, 111, 112, 132, 136, 138, 157
Donau 104
Dresden 67
Düsseldorf 67
Elis 77
England 25, 49, 54, 60, 61, 64, 65, 70, 72, 93, 94, 117, 124, 138, 140, 149, 150, 156, 157
Ephesos 81
Epidauros 45
Epirus 20, 21, 22, 74, 96
Eton 93
Europa pass.

Fontainebleau 25
Frankfurt a.M. 67
Frankreich 17ff., 22ff., 49, 54, 55, 59, 61, 65, 70, 117, 138, 140, 157

Genf 47
Golf v. Korinth 157
Gr. Inseln des Archipelagus 65
Griechenland pass.
Großbritannien 91, 150, 156

Hamburg 67, 71, 146
Heidelberg 67, 119
Hellas pass.
Hellespont 81
Helsingör 105

Illyrische Provinzen 22
Irland 153
Isthmus 78, 157
Italien 18, 100, 113, 114, 143, 150, 152, 157
Ithaka 76, 77, 93
Ithome 77, 78
Izmir 51

Jania 17, 20ff., 27
Japhigie 28
Jena 12, 54
Jerusalem 38, 51
Jonien 13
Jonische Inseln 20
Jonisches Meer 86, 90
Judäa 32

Kap Glssa 73
Karlsruhe 135
Kekrops 81
Kephalonia 77
Kerkyra 36, 38
Kleinasien 32, 72, 78, 81
Konstantinopel 12, 15, 19, 21, 22, 24, 29, 33, 35, 36, 39, 48, 49, 53, 63, 72, 78, 81, 90, 104, 150, 152
Kopenhagen 103, 104

Korfu 22, 23, 24, 25, 73, 74, 75, 76, 88, 92, 93, 94, 100
Korinth 78, 81, 116, 155
Korkyra 74, 75
Krakau 146
Kreta 35, 36, 62, 78, 81, 82, 90
Kynthos 79, 80
Kythera 80

Laibach 46
Leipzig 93, 121
Lesbos 81
Levadia 16
Levante 32, 73, 75, 82, 100, 104
Linguetta 73
Lisieux 17
Livorno 18
London 32, 33, 47, 61, 92, 151, 152
Lunéville 19

Magnesia 81
Mailand 20
Malta 18, 32, 33
Marbach a. Neckar 146
Marseille 53
Megara 78
Melo 80
Merleraut, Normandie (heute Dep. Orne) 17
Messenien 77, 78
Missolunghi 13, 43, 66, 68, 71, 76, 77, 80, 153, 156, 157
Mittlerer Osten 38, 39
Mitwitz, Wasserschloß 9
Moldau (Moldavien) 58, 112
Montpellier 31
Morea 18, 19, 72, 93, 138
Moskau 23
München 14, 67, 68, 117, 119, 122, 146

Mykale 59
Mykene 78
Mystras 13, 158

Naher Osten 32
Nauplion 15
Navarino 18, 43, 61, 92, 93, 144, 157
Naxos 79, 81
Neapel 22, 104, 105, 114
Neva 24
Niederrhein 138, 146
Nürnberg 115

Odense 103
Orient 18, 19, 20, 50, 51, 90, 140, 142, 144
Österreich 54, 60, 143
Ottoman.(osman.) Reich 19, 49, 57, 72, 118, 150, 152
Oxford 31, 93

Paestum 114, 115
Palästina 32, 38
Panormus 74
Parga 20, 21, 24, 25, 88
Paris 18, 19, 20, 25, 31, 34, 36, 51, 54, 60, 100, 135, 142, 145, 156
Paros 79, 81
Patmos 81
Patras 20, 25
Peloponnes 61, 62, 78, 112, 127, 157, 158
Petersburg 61
Phäakenland 75
Piräus 81
Pisa 44, 51, 154
Plichivitza 29
Pola (Pula) 73

Preußen 138, 139, 140, 141, 143, 144, 145
Prevesa 24
Psara 35, 71, 78, 80, 84

Rom 91, 104, 114, 115
Rußland 23, 25, 37, 53, 55, 61, 62, 64, 72, 117, 138, 140, 141, 143, 144, 150, 157
Rumänien 112

Salamis 59, 78, 81
Samos 81
San Domingo 150
Schlesien 139, 146
Schumla 145
Schwarzes Meer 104
Schweden 150
Schweiz 150
Serpho 80
Sira 78
Skutari 48
Smyrna 32, 33, 36, 38, 69, 78, 81
Spanien 43, 143, 150
Sparta 13, 59, 116, 158
Stuttgart 67
Suda 83
Suli 87
Syros 79, 104

Taygetos 77
Tepelen 20
Thessaloniki 35, 36
Tiber 56
Tmolos 81
Toskeria 20
Tripolis 18
Tripolitza 18
Tscheschme 64

167

Tübingen 63, 67
Türkei 21, 23, 25, 51, 57, 60, 61, 149

U(n)gro-Walachei 44, 51
USA 32

Venedig 21, 22
Vermont 32
Verona 55

Walachei 58, 112
Wales 152
Westfalen 144
Wien 11, 25, 31, 86, 88, 104
Würzburg 16

Philhellenische Studien

herausgegeben von Evangelos Konstantinou

Band 1 Evangelos Konstantinou / Ursula Wiedenmann (Hrsg.): Europäischer Philhellenismus. Ursachen und Wirkungen. Erschienen im Verlag Hieronymus, Neuried.

Band 2 Evangelos Konstantinou (Hrsg.): Europäischer Philhellenismus. Die europäische philhellenische Literatur bis zur 1. Hälfte des 19. Jahrhunderts. 1992.